EL ARBOL DE LA CIENCIA

Pio Baroja

Literatura en cápsulas de conocimiento

El árbol de la ciencia. Pío Baroja Obra Libre de derechos de autor

Autor : Pio Baroja

Ilustraciones: Alexander Guamis

Autor Sinópsis, Biografía, análisis literario y de estílo:

Alexandre Guamis. Copy Rights Reserved

Ediciones Libres: mart05.fernando@gmail.com

ISBN: 9798850073893

Sello: Independently published

El árbol de la ciencia-Pio Baroja

INDICE

El árbol de la Ciencia:

"El árbol de la ciencia" es una de las obras cumbre del escritor español Pío Baroja, publicada por primera vez en 1911, es considerada una novela de formación o iniciación. La obra destaca por su estilo realista y su enfoque pesimista hacia la vida y la sociedad.

La trama de la novela sigue la vida de Andrés Hurtado, un joven estudiante de medicina en la España de principios del siglo XX. A medida que Andrés avanza en sus estudios, experimenta una serie de desilusiones y desencantos con el mundo, y con él mismo. La obra refleja la lucha interna de Andrés entre sus ideales románticos y sus experiencias desalentadoras. Así como la búsqueda de un sentido y propósito a la vida. Interpretada por muchos críticos como una clara alusión a la novela realista y naturalista, frente a la Romántica. Reflejando una tendencia abanderada por muchos de los escritores del siglo XIX. Manifestando a su vez unas inquietudes y anhelos diversos, en una realidad cotidiana que podría resultar frustrante cuando se profundizaba al detalle en el.

EL AUTOR TROCEADO:

Biografía de Pío Baroja:

Pío Baroja y Nessi nace el 28 de diciembre de 1872 en San Sebastián, España, y fallece en plena posguerra española, el 30 de octubre de 1956 en Madrid. A lo largo de su vida acabará siendo un reconocido escritor, y también estudiará medicina en su juventud. Baroja provenía de una familia de médicos y farmacéuticos. Estudió medicina en la Universidad de Valencia y posteriormente se especializó en neurología en París. Sin embargo, su verdadera pasión era la literatura, y a lo largo de su vida compaginó su carrera médica con la escritura.

Será considerado uno de los exponentes más destacados de la Generación del 98. Generación que surge tras el desastre de la guerra Hispanoamericana, que comporta la pérdida de las últimas colonias españolas de un histórico imperio, ya en plena decadencia.

7

La actitud crítica de esta generación, y su clara voluntad de regeneracionismo y modernización del país, se verá reflejado en la obra y artículos de todos ellos.

En sus obras, se exploran temas sociales, políticos, históricos, así como la temática aventurera y de vida al límite del convencionalismo. Con una obsesión por profundizar en la búsqueda de la verdacera condición humana. Sus novelas se caracterizan por su estilo realista y su prosa directa, reflejando una visión crítica y pesimista de la realidad. Baroja retrató la España de su época, con sus problemas sociales, políticos y morales. Y a menudo mostrándose escéptico hacia las instituciones y la sociedad en general. A lo largo de su vida, fue un autor prolífico, y escribió más de cien novelas, además de ensayos, cuentos y obras teatrales. Su legado lo sitúa como uno de los grandes escritores del siglo XX en España. Dejando una huella significativa en la literatura, con su estilo único, y su visión crítica de la sociedad.

Pio Baroja en su contexto Histórico:

A lo largo de sus numerosas novelas, ensayos y escritos, Baroja exploró temas profundos y universales. Dejando una perceptible huella y marca de su tiempo en todos ellos. Las inquietuddes, preocupaciones, anhelos e ilusiones de la sociedad de su tiempo quedarán reflejados. Siendo también un importante testimonio de toda una época.

El realismo crítico de Baroja:

- Baroja se destacó por su enfoque realista en la escritura, retratando la vida cotidiana y los conflictos sociales con gran detalle y precisión.

- Su estilo literario reflejaba una visión crítica de la sociedad, con sus vicios y contradicciones propios de la época.

La sociedad y la condición humana:

- Baroja explora los problemas sociales y morales de su tiempo, retratando la realidad cruda y sin edulcorar.

- Sus personajes reflejan las luchas internas y externas del individuo en un mundo hostil

9

y opresivo, que va más allá del alcance de sus acciones.

La búsqueda de la verdad:

- Baroja fue un pensador inquisitivo y escéptico, cuestionando las convenciones establecidas y la autoridad.

- Sus obras reflejan su deseo de descubrir la verdad detrás de la apariencia superficial de las cosas.

La influencia de Baroja hasta nuestros días:

A través de su prosa directa, y su visión crítica, Baroja dejó una influencia duradera en la literatura española. Su estilo y su enfoque en los problemas sociales, y diferentes aspectos de la condición humana, han influido en generaciones posteriores. Desde una mirada crítica buscará incansablemente la verdad. Convirtiéndose en uno de los grandes escritores de la literatura española. Su enfoque realista, y su visión penetrante de la sociedad, y la condición humana, dejarán un legado perdurable. A través de sus obras, Baroja nos invita a reflexionar sobre la realidad que nos rodea, y a cuestionar las convenciones establecidas.

La Obra de Pío Baroja:

Durante su prolífica carrera, escribió numerosas obras en diversos géneros, entre las cuales se destacan las siguientes:

La trilogía de la "Tierra vasca": Esta trilogía está compuesta por las novelas "La casa de Aizgorri" (1900), "El mayorazgo de Labraz" (1903) y "Zalacaín el aventurero" (1909). Ambientadas en el País Vasco, estas obras exploran la vida rural y los conflictos sociales y políticos de la región. Es una familia noble en decadencia que posee una gran extensión de tierras en el País Vasco. La historia sigue los conflictos internos de la familia y las tensiones entre la vieja nobleza y las nuevas ideas progresistas.

"Zalacaín el aventurero" (1909): La última novela de la trilogía es considerada una de las obras más conocidas de Baroja. Narra la vida de Martín Zalacaín, un personaje carismático y aventurero que se enfrenta a situaciones peligrosas y participa en la Guerra Carlista.La novela también aborda los conflictos sociales y políticos de la época.

Estas tres novelas, conocidas como la trilogía de la "Tierra vasca", exploran diferentes aspectos de la sociedad vasca, desde la vida rural y la lucha por la supervivencia hasta los cambios sociales y las tensiones políticas. A través de una prosa realista y un estilo descriptivo, Baroja ofrece una visión vívida y crítica de la región y de la condición humana en general.

"El árbol de la ciencia" (1911): Considerada una de las obras más importantes de Baroja, esta novela de formación sigue la vida de Andrés Hurtado, un estudiante de medicina, y reflexiona sobre la sociedad, la educación y la existencia humana.

La trilogía de Madrid: Esta trilogía comprende las novelas "Camino de perfección" (1902), "La busca" (1904) y "Mala hierba" (1904). Estas obras retratan la vida en el Madrid de principios del siglo XX, enfocándose en los aspectos sociales, económicos y morales de la época.

Sin embargo, hay una serie de novelas en su obra que abordan temáticas similares y se podrían considerar dentro de ese contexto.

Estas novelas son:

"Camino de perfección" (1902): Esta novela sigue la vida de Manuel Alcázar, un joven que se mueve porlos bajos fondos de Madrid en busca de éxito y riqueza. La obra explora las dificultades y los desafíos que enfrenta el protagonista en su lucha por mejorar su situación social.

"La busca" (1904): Ambientada en el Madrid de principios del siglo XX, esta novela narra la historia de Manuel Esteban, un joven que llega a la ciudad en busca de trabajo y una vida mejor. La obra retrata la lucha de Manuel por sobrevivir en un entorno urbano hostil y la explotación a la que se ve sometido.

"Mala hierba" (1904): En esta novela, Baroja sigue la vida de Manuel Miranda, un joven de origen humilde que busca su lugar en el mundo. La obra aborda temas como la lucha por la supervivencia, la ambición y la corrupción.

Aunque estas novelas no forman una trilogía en el sentido estricto, comparten una temática común de personajes que luchan por sobrevivir y mejorar sus condiciones de vida en un entorno adverso. Baroja retrata los desafíos sociales, económicos y morales de la época, y ofrece una visión crítica de la sociedad y la condición humana.

"Memorias de un hombre de acción" (1913-1935): Esta extensa serie de novelas, compuesta por más de una decena de volúmenes, narra la vida aventurera de un personaje llamado Manuel o "Manolo" Quintana. La serie abarca acontecimientos históricos significativos, como la Guerra Carlista y la Primera Guerra Mundial.

La serie "Memorias de un hombre de acción" está ambientada en el siglo XIX y principios del siglo XX, abarcando eventos históricos como la Guerra Carlista, la Revolución de 1868, la Restauración borbónica y la Primera Guerra Mundial. A través de la vida de Manolo Quintana, Baroja examina temas como la lucha por el poder, la aventura, la ambición, la lealtad y los valores éticos.

Cada volumen de la serie se centra en una etapa específica de la vida de Manolo Quintana y sus experiencias en diferentes lugares y situaciones. Los títulos de algunos de los volúmenes más conocidos de la serie incluyen "La busca", "La estrella del capitán Chimista", "Los contrastes de la vida" y "Los caminos del mundo". Combinando elementos de aventura, historia y análisis social, y es considerada una de las obras más destacadas y ambiciosas de Pío Baroja.

"Las inquietudes de Shanti Andía" (1911): Esta novela cuenta la historia de un marino vasco que se embarca en diversas aventuras marítimas, explorando temas como la identidad, la lealtad y los valores éticos.

"Las inquietudes de Shanti Andía" sería una novela ublicada en 1911, siendo una de las obras más conocidas y celebradas del autor. La historia se desarrolla en el País Vasco y narra la vida de Shanti desde su juventud hasta la edad adulta. La trama se centra en sus experiencias marítimas, sus viajes por diferentes lugares y sus encuentros con diversos personajes.

Shanti Andía se enfrenta a numerosos desafíos, tanto en su vida personal como en su carrera como marino. La obra también aborda la relación de Shanti con su familia, incluyendo su tío, el misterioso y enigmático Juan de Aguirre. Con una prosa realista, y descripción detallada de los paisajes y las situaciones en las que se encuentra el protagonista. La novela es considerada una obra importante dentro del movimiento literario del realismo, destacando por su retrato vívido de la sociedad vasca de la época y sus conflictos internos.

Además de estas obras, Pío Baroja también escribió ensayos, cuentos, biografías y otras novelas, conformando un legado literario amplio y diverso.

El círculo de amistades de Pío Baroja:

Pío Baroja, como destacado escritor y figura intelectual de su época, tuvo relaciones y amistades con diversos personajes del ámbito literario, artístico e intelectual. De los que recibió influencia, o tuvo diversas Complicidades.

Ramón María del Valle-Inclán: Baroja y Valle-Inclán, ambos escritores de la misma generación, tuvieron una amistad cercana y mantuvieron un cordial interés por el trabajo de cada uno. Compartieron inquietudes literarias, e ideas sobre la literatura y el arte de su tiempo. Aunque no fueron amigos íntimos, mantuvieron un respeto mutuo. Ambos escritores formarian parte de la Generación del 98, un grupo de intelectuales que reflexionaron sobre la crisis de identidad de España a fines del siglo XIX y principios del XX. Sin embargo, a pesar de compartir preocupaciones similares por la situación de España, Baroja y Valle-Inclán tenían enfoques y estilos literarios distintos.

Valle-Inclán se destacó por su estilo modernista y vanguardista, con un uso innovador del lenguaje y una exploración de la subjetividad y la fantasía. Sus obras más conocidas incluyen "Luces de bohemia" y "El esperpento", en las cuales retrata, desde una visión crítica con grandes dosis de sátira de lo más vanguardista, la realidad española de su tiempo.

Por su parte, Baroja se caracterizó por un estilo realista y directo, con una mirada crítica y pesimista de la sociedad y la condición humana. Sus novelas exploran los problemas sociales y morales de la época, y reflejan una visión más objetiva de la realidad. Aunque ambos escritores tenían diferencias estilísticas y temáticas, se reconocían mutuamente como figuras literarias importantes. Se respetaban el uno al otro y, en ciertas ocasiones, compartieron opiniones y puntos de vista sobre la literatura y la sociedad. Sus diferencias principales se centraron en temas puramente estilísticos y temáticos. También compartieron algunas opiniones y preocupaciones comunes.

La situación de la crisis de identidad nacional a fines del siglo XIX y principios del XX fue el principal nexo de unión.

Crítica a la sociedad y la realidad española: Tanto Baroja como Valle-Inclán tuvieron una visión crítica de la sociedad y la realidad española de su tiempo. Ambos retrataron en sus obras los vicios, las contradicciones y los problemas sociales y políticos de la época.

Rechazo del modernismo literario: Aunque Valle-Inclán fue considerado uno de los grandes exponentes del modernismo español, tanto él como Baroja mostraron cierto rechazo hacia algunos aspectos del movimiento modernista. Ambos buscaban un lenguaje más directo y una visión más objetiva de la realidad, alejándose de la ornamentación y la excesiva subjetividad característica del modernismo.

Experimentación estética: A pesar de sus diferencias estilísticas, tanto Baroja como Valle-Inclán tuvieron una actitud experimental hacia la escritura y la estética.

Ambos buscaron nuevas armas de expresión y exploraron diferentes técnicas narrativas y teatrales en sus obras.

Reflexión sobre la identidad nacional: Tanto Baroja como Valle-Inclán reflexionaron sobre la identidad española, y la crisis de valores de su país. Ambos se preocuparon por la decadencia y las tensiones internas de España, y exploraron estas cuestiones en sus obras.

Azorín (José Martínez Ruiz): Azorín fue otro influyente escritor y ensayista español, que mantuvo unarelación de amistad con Baroja. Ambos compartían inquietudes literarias, y esa visión crítica sobre la realidad española que era común a todos esos escritores que acabarían encasillados en la generación del 98. A continuación, se mencionan algunos aspectos de su relación:

Amistad literaria: Azorín y Baroja mantuvieron una amistad cercana y se apreciaban mutuamente como escritores. Además de mantener una comunicación fluida como así atestigúan testigos y cartas.

Además de diversos amigos en común.

Estética realista: Tanto Azorín como Baroja se identificaron con un estilo literario realista y directo. Ambos buscaron retratar la realidad cotidiana y los problemas sociales con gran detalle y objetividad.

Crítica a la España de la época: Azorín y Baroja compartieron una visión crítica de la sociedad y la realidad española de su tiempo. A través de sus obras, exploraron los problemas y las contradicciones de la España contemporánea, reflexionando sobre su identidad y su crisis.

Colaboraciones: Se sabe que Azorín y Baroja colaboraron en algunos proyectos literarios. Por ejemplo, en 1907, ambos escribieron artículos para la revista "Vida Nueva", donde expresaron sus ideas y reflexiones sobre diversos temas.

Si bien la relación entre Azorín y Baroja no estuvo exenta de diferencias y discrepancias, compartieron una visión crítica común, y cierta retroalimentación en etapas más iniciales.

Antonio Machado: Pío Baroja y el poeta Antonio Machado tuvieron un encuentro en la ciudad de Segovia en 1911, donde entablaron una breve amistad y compartieron reflexiones sobre la literatura y la vida, además de la poesía modernista. Como figuras literarias de su país coincidentes en el tiempo, y no pocas veces en el espacio, acabaron teniendo cierta interacción y relación.

Diferencias estilísticas y temáticas: A pesar de su encuentro y su reconocimiento mutuo como escritores importantes,

Machado y Baroja tenían diferencias estilísticas y temáticas en su escritura. Machado se caracterizaba por su poesía lírica, profundamente introspectiva y filosófica, mientras que Baroja se destacaba por sus novelas realistas y críticas de la sociedad y la condición humana.

Es importante destacar que la relación entre Machado y Baroja no fue extensamente documentada, y no se conocen anécdotas o interacciones específicas entre ellos más allá de su encuentro en Segovia.

Miguel de Unamuno: Aunque tuvieron diferencias ideológicas y estéticas, Baroja y Unamuno, ambos prominentes figuras de la Generación del 98, compartieron encuentros y conversaciones sobre literatura, filosofía y la sociedad de su tiempo. Aunque ambos fueron figuras prominentes de la Generación del 98, tuvieron un enfoque y una visión del mundo literario y político bastante divergentes.:

Diferencias ideológicas: Unamuno era conocido por su perspectiva filosófica y su compromiso político, mientras que Baroja se destacaba por su escepticismo y su visión pesimista de la sociedad. Unamuno era más idealista y enfatizaba la importancia de la identidad nacional y la lucha por los valores esenciales, mientras que Baroja era más escéptico y crítico hacia las instituciones y las tradiciones.

Polémica pública: Unamuno y Baroja tuvieron desacuerdos y debates públicos sobre temas políticos y literarios. En particular, hubo un famoso enfrentamiento entre ellos en el contexto de la Semana Trágica de Barcelona en 1909, donde Unamuno criticó a Baroja y otros escritores por su falta de compromiso político y su visión pesimista de la realidad.

Ricardo Baroja: El hermano de Pío Baroja, Ricardo, también fue escritor y pintor. Ambos hermanos mantuvieron una relación cercana y colaboraron en algunos proyectos artísticos.

Ricardo Baroja compartió con su hermano Pío un interés por la literatura y la exploración de temas, relacionados con la sociedad y la condición humana. Ambos se vieron influenciados por el ambiente familiar y cultural en el que crecieron, lo que los llevó a desarrollar una pronta vocación literaria.

Aunque Pío Baroja fue el hermano más conocido y prolífico en términos literarios, Ricardo también publicó varios libros, principalmente en el campo de la etnografía y la historia. Su obra más destacada es "El Carnaval", donde explora las tradiciones y festividades populares.

Si bien Pío y Ricardo tenían estilos y enfoques literarios diferentes, compartían una pasión por la escritura, y se apoyaban mutuamente en sus proyectos. Pío solía recomendar las obras de su hermano, y le brindó apoyo en su carrera literaria.

La España del árbol de la ciencia:

El árbol de la ciencia" se sitúa en la España de principios del siglo XX, específicamente en la época conocida como la Restauración. Este período se caracterizó por la alternancia en el poder de los partidos políticos conservadores y liberales, así como por la corrupción, la inestabilidad y la falta de renovación en las instituciones.

La novela de Pío Baroja retrata una sociedad española marcada por la decadencia y el estancamiento. Andrés Hurtado, el protagonista, se enfrenta a un entorno social y político desilusionante, donde los valores tradicionales están en crisis y los ideales románticos se ven aplastados por una realidad hostil.

La España que se describe en la obra muestra una sociedad dividida en clases sociales y marcada por las desigualdades. Andrés proviene de una familia de clase baja y, a medida que avanza en sus estudios de medicina, se encuentra con las limitaciones y dificultades que enfrenta debido a su origen humilde. Además, la novela también presenta la influencia de las ideologías políticas y las luchas de poder en la vida cotidiana de los personajes. Baroja retrata la realidad española de la época a través de la mirada crítica de Andrés, quien se encuentra desilusionado con el sistema educativo, la medicina, la religión y la falta de oportunidades para el desarrollo personal. La novela muestra un panorama desencantado y pesimista, donde los sueños y las aspiraciones se ven frustrados y la búsqueda de un sentido en la vida parece inalcanzable.

En conclusión, la España que se refleja en "El árbol de la ciencia" es una sociedad en crisis, marcada por la decadencia, la desigualdad y la falta de oportunidades. A través de su protagonista, Pío Baroja ofrece una crítica mordaz hacia la realidad social, política y educativa de la época, mostrando un panorama sombrío y desesperanzador.

El Género Literario situado en el Árbol de la ciencia:

El género literario de "El árbol de la ciencia" es clasificado principalmente como novela. Específicamente, se considera una novela de formación o iniciación, también conocida como bildungsroman en alemán.

El término "bildungsroman" se utiliza para describir una narrativa que se centra en el desarrollo moral, intelectual y psicológico de un personaje principal a lo largo de su vida, desde la juventud hasta la madurez. En "El árbol de la ciencia", seguimos la evolución de Andrés Hurtado, desde su ingreso a la universidad para estudiar medicina hasta su confrontación con el mundo y su lucha por encontrar su lugar en la sociedad.

Además del género bildungsroman, "El árbol de la ciencia" también se enmarca dentro del realismo literario. El realismo es un movimiento literario que busca representar la realidad de manera objetiva y detallada, centrándose en la descripción de la vida cotidiana y en la crítica social. Baroja utiliza un estilo de escritura realista en la novela, con una prosa directa y desprovista de adornos, y ofrece una visión ruda y pesimista de la sociedad y la condición humana.

En síntesis, "El árbol de la ciencia" se clasifica como una novela de formación o iniciación, dentro del género bildungsroman, que se enmarca en el realismo literario. A través de la historia de Andrés Hurtado, la obra retrata su desarrollo personal y su confrontación con una sociedad desilusionante, ofreciendo una visión crítica y pesimista de la realidad.

El realismo Literario:

El realismo literario es un movimiento literario que se desarrolló principalmente en el siglo XIX, aunque también ha dejado su influencia en épocas posteriores. Surge como una reacción al romanticismo y se caracteriza por su intento de retratar la realidad de manera objetiva y verosímil, sin idealizaciones ni exageraciones. Por lo tanto, retratará sin tapujos, la vida cotidiana, los aspectos sociales, políticos y económicos, de una determinada época, así como las condiciones de vida de diferentes clases sociales. Los escritores realistas se esfuerzan por crear personajes creíbles y complejos, y describir con detalle los ambientes y las circunstancias en las que se desenvuelven.

Este movimiento literario busca alejarse de la fantasía y el idealismo romántico, y se enfoca en la objetividad y la precisión en la descripción de la realidad. Los temas comunes en el realismo literario incluyen las luchas sociales, las injusticias, la desigualdad, la hipocresía de la sociedad y la crítica a las instituciones establecidas. El realismo literario se encuentra estrechamente ligado al contexto histórico y social en el que se desarrolla. En el caso del siglo XIX, por ejemplo, se reflejan los cambios producidos por la Revolución Industrial, la urbanización, el surgimiento de la clase media y las tensiones sociales y políticas de la época, así como el nacimiento de las ideas socialistas y el movimiento obrero.

Algunos de los principales exponentes del realismo literario incluyen a autores como Honoré de Balzac, Gustave Flaubert, Fiódor Dostoyevski, Leopoldo Alas "Clarín", Émile Zola y, en el caso de España, Benito Pérez Galdós y Pío Baroja, entre otros. En resumen, el realismo literario es un movimiento que busca retratar la realidad de manera objetiva y verosímil, centrándose en la vida cotidiana, las condiciones sociales y la crítica a la sociedad.

Se caracteriza por su enfoque en la descripción detallada y precisa, así como por su rechazo a la idealización y el idealismo romántico. Una de las principales críticas literarias dirigidas a "El árbol de la ciencia" es la visión nihilista y pesimista que presenta Baroja. A través de la historia de Andrés. El autor muestra una visión desencantada de la sociedad y la realidad, retratando un mundo en el que la vida carece de significado trascendental y en el que los sueños y las aspiraciones se ven frustrados una y otra vez.

Además, Baroja también critica la educación tradicional y las instituciones sociales, como la medicina y la religión, que considera corruptas y carentes de autenticidad. A través de la figura de Andrés, el autor cuestiona el sistema educativo y la capacidad de la ciencia para proporcionar respuestas satisfactorias a los problemas de la existencia humana.

La prosa de Baroja en "El árbol de la ciencia" es directa, ágil y desprovista de adornos. Su estilo refleja la influencia del naturalismo y el realismo, y se caracteriza por la objetividad y la descripción detallada de los ambientes y los personajes desde un lenguaje sencillo y coloquial. Todo ello contribuye a la autenticidad y verosimilitud de la narración. Por lo tanto, "El árbol de la ciencia" es una obra crítica y pesimista que reflexiona sobre la sociedad, la educación y la existencia humana. A través de la historia de Andrés Hurtado, el autor plantea cuestiones filosóficas y existenciales, y muestra una visión desencantada de la vida y la falta de sentido en un mundo en constante cambio y decepción.

Claves de la Novela:

Influencias y estilo: Pío Baroja estuvo fuertemente influenciado por la literatura naturalista y el realismo en su escritura. Se ha señalado que su experiencia personal como estudiante de medicina también pudo haber influido en la creación de la historia y los personajes de la novela.

Rechazo inicial: "El árbol de la ciencia" fue rechazado por varias editoriales antes de ser publicado por la editorial madrileña Renacimiento en 1911. Este rechazo inicial podría estar relacionado con la visión pesimista y crítica de la sociedad y la educación que presenta la novela.

Recepción crítica: La novela recibió críticas mixtas en su lanzamiento. Algunos críticos alabaron la obra por su estilo realista y su descripción precisa de la sociedad y la vida cotidiana, mientras que otros la consideraron excesivamente negativa y deprimente.

Influencia y reconocimiento posterior: A pesar de las críticas iniciales, "El árbol de la ciencia" se ha convertido en una de las obras más destacadas de Pío Baroja y en un referente del género de la novela de formación. La influencia de la novela se ha extendido a lo largo del tiempo y ha sido objeto de numerosos análisis y estudios académicos.

Mapa de personajes:

"El árbol de la ciencia" de Pío Baroja presenta una variedad de personajes que interactúan con el protagonista, Andrés Hurtado. A continuación, mencionaré algunos de los personajes más relevantes de la novela:

Andrés Hurtado: Es el personaje principal y narrador de la historia. Es un joven estudiante de medicina que atraviesa un proceso de formación y confrontación con la realidad y la sociedad. Andrés experimenta una serie de desilusiones y desencantos a lo largo de la novela, mientras busca encontrar su lugar en el mundo.

Don Pedro Hurtado: Es el padre de Andrés, un hombre trabajador y sencillo. Aunque su relación con Andrés es distante, su figura representa la influencia de la tradición y la estabilidad familiar.

Doña María Antonia Hurtado: Es la madre de Andrés, una mujer preocupada por el bienestar de su hijo. Su carácter religioso y conservador choca con las inquietudes y las dudas de Andrés.

Julio Aracil: Es un compañero de estudios de Andrés en la facultad de medicina. Representa el idealismo y la pasión por la ciencia, pero también la frustración y la desilusión al enfrentarse a la realidad de la práctica médica.

Maxi de Barrio: Es un personaje carismático y rebelde que se convierte en amigo y mentor de Andrés. Maxi introduce a Andrés en círculos intelectuales y le brinda una visión crítica de la sociedad.

La Clío: Es una mujer de origen humilde y enamorada de Andrés. Su relación con él refleja las limitaciones y dificultades impuestas por la clase social y la falta de oportunidades.

Estos son solo algunos de los personajes destacados en "El árbol de la ciencia". La novela presenta una galería de personajes variados y complejos que representan diferentes facetas de la sociedad y la experiencia humana.

Baroja en la Guerra civil española:

Durante la Guerra Civil, Baroja tenía 64 años y residía principalmente en Madrid. Aunque se mantuvo alejado de la política, se sabe que tenía simpatías republicanas y que sentía aversión tanto por el régimen de Franco como por el levantamiento militar que inicio a la guerra. Baroja se opuso a la violencia y la intolerancia de ambos bandos y, en varias ocasiones, expresó su desilusión y pesar por los trágicos eventos que sacudieron a España durante esos años. Algunos de sus colegas escritores, como Federico García Lorca, fueron víctimas de la represión y la violencia de la época.

Después del final de la guerra, Pío Baroja continuó su carrera literaria, aunque se vio afectado por el régimen franquista, que censuraba y limitaba la libertad de expresión. Durante estos años, Baroja escribió algunas de sus obras más conocidas, como "La sensualidad pervertida" y "Los pilotos de altura".

Baroja no tuvo un papel directo en la Guerra Civil Española. Aunque simpatizaba con la causa republicana, se mantuvo alejado de la política y continuó su carrera literaria durante y después del conflicto.

Ernst Hemingway y Pío Baroja, la extraña Pareja:

Ernest Hemingway y Pío Baroja fueron dos destacados escritores de la primera mitad del siglo XX, aunque pertenecieron a diferentes tradiciones literarias, generacionales y culturales, se conocieron y consideraron al final de la vida de Baroja.

Influencia de Baroja en Hemingway: Hemingway admiraba a Baroja y consideraba que su estilo literario había dejado una marca en su propia escritura. Baroja fue una de las influencias importantes en la formación literaria de Hemingway, especialmente en sus primeros años como escritor.

Encuentro en París: Hemingway y Baroja se conocieron personalmente en París durante la década de 1920. Hemingway vivió en la ciudad y se relacionó con varios escritores y artistas de la época, entre ellos

Baroja. Aunque no se sabe mucho sobre los detalles de su relación personal, se cree que tuvieron conversaciones y discusiones sobre literatura.

Diferencias estilísticas: Hemingway y Baroja tenían estilos literarios y enfoques estéticos diferentes. Hemingway se caracterizaba por su prosa concisa y directa, mientras que Baroja era conocido por su estilo más descriptivo y reflexivo. A pesar de estas diferencias, Hemingway valoraba la autenticidad y el enfoque realista de Baroja en sus obras.

Reconocimiento mutuo: Hemingway expresó públicamente su admiración por Baroja en varias ocasiones y lo consideraba uno de los grandes escritores de su tiempo. Baroja, por su parte, fue conocido internacionalmente y apreciado por su contribución a la literatura española. La admiración de Hemingway por Baroja y su reconocimiento de su impacto en su propia escritura son indicativos de la importancia de Baroja como figura literaria en la época.

Frases destacadas en la Novela:

"¡En la vida es todo cuestión de suerte! Al hombre, en general, no le valen más que las cosas que le pasan por pura casualidad." - Andrés Hurtado

"No hay cosa más injusta que el mundo; se lo ha imaginado uno, y no hay manera de reformarlo." - Andrés Hurtado

"La vida es un tobogán; uno sube lentamente la cuesta del deseo y luego baja rápidamente hacia la tristeza." - Andrés Hurtado

"La verdad absoluta no existe. La verdad es algo que se va formando, pero que no llega nunca a formarse del todo." - Andrés Hurtado

"No sé si somos inteligentes, pero por lo menos somos lúcidos." - Andrés Hurtado

"Lo importante no es el hombre, ni la sociedad, ni el universo, ni ninguna otra cosa; lo importante es la vida de cada cual." - Andrés Hurtado

"La enfermedad es como un alambre de espinas que se va enroscando poco a poco alrededor del cuerpo." - Andrés Hurtado

"El dolor tiene siempre la misma forma. Es algo que se dilata como un círculo en el agua y se ensancha hasta que lo abarca todo." - Andrés Hurtado

Estas frases reflejan la visión pesimista y crítica de la realidad que caracteriza la obra de Pío Baroja en "El árbol de la ciencia". A través de la voz de su protagonista, Andrés Hurtado, el autor expone reflexiones sobre la vida, la suerte, la injusticia y la búsqueda de la verdad.

El árbol de la ciencia ante la crítica del siglo XX:

Aunque es considerada una de las obras más importantes de la literatura española del siglo XX, también ha recibido críticas negativas por diferentes aspectos.

1. Pesimismo excesivo: La novela se caracteriza por un tono pesimista y sombrío que puede resultar agotador para algunos lectores. El protagonista, Andrés Hurtado, experimenta una serie de fracasos y desilusiones a lo largo de la trama, lo que puede generar una sensación de falta de esperanza. Algunas veces se puede antojar como rebuscado y premeditado que se antoja por antinatural.

2. Personajes poco desarrollados: Algunos críticos consideran que los personajes de la novela carecen de profundidad y resultan un tanto planos. Se argumenta que la falta de una exploración psicológica más detallada hace que sea difícil empatizar o conectar emocionalmente con ellos.

3. Estilo narrativo fragmentado: Baroja utiliza un estilo narrativo fragmentado y episódico en la novela, lo que puede resultar confuso y dificultar la comprensión de la historia. Algunos críticos consideran que esta estructura dispersa hace que la trama pierda coherencia y dificulta la identificación de un hilo conductor claro.

4. Falta de objetividad política: Aunque la novela se desarrolla en un contexto político y socialmente tenso, algunos críticos consideran que Baroja muestra una falta de objetividad al retratar los diferentes grupos ideológicos. Se le ha acusado de presentar una visión sesgada y simplista de las diferentes posturas políticas de la época.

5. Escaso desarrollo de temas científicos: A pesar de su título, algunos críticos consideran que la novela no profundiza lo suficiente en los temas científicos y médicos que plantea.

Se argumenta que se podrían haber explorado con mayor detalle los dilemas éticos y filosóficos relacionados con la práctica de la medicina, que son uno de los ejes centrales de la historia.

Es importante tener en cuenta que estas críticas negativas no invalidan el valor literario y cultural de "El árbol de la ciencia". La novela ha sido ampliamente estudiada y ha dejado una marca significativa en la literatura española, siendo considerada una obra precursora del realismo social y existencialismo.

Pio Baroja y Madrid:

Pío Baroja vivió gran parte de su vida en la ciudad de Madrid. Nació el 28 de diciembre de 1872 en San Sebastián, pero se mudó a la capital española en 1889 para estudiar Medicina en la Universidad Central (hoy en día conocida como la Universidad Complutense de Madrid). Aunque Baroja comenzó sus estudios de medicina, pronto se desilusionó con la profesión y decidió dedicarse por completo a la escritura. Gran parte de lo aprendido sobre esta profesión dejará trazos en diversas novelas como lohace en el árbol de la ciencia. En Madrid, Baroja vivió una vida bohemia y cosmopolita. Frecuentaba los cafés literarios y los círculos intelectuales de la época, estableciendo amistades con otros escritores y artistas.

Durante su estancia en la ciudad, también trabajó en diferentes empleos para mantenerse económicamente, ya que su carrera literaria inicialmente no fue muy exitosa. Baroja encontró inspiración en el ambiente urbano de Madrid y en la sociedad de la época, lo que se refleja en muchas de sus obras. La ciudad de Madrid se convirtió en un telón de fondo recurrente en su narrativa, y muchos de sus personajes y tramas están relacionados con la vida y las experiencias de los habitantes de la ciudad.

A pesar de su estancia en Madrid, Baroja también viajó extensamente por España y por otros países de Europa. Sus experiencias y observaciones durante sus viajes influenciaron su visión del mundo y se reflejaron en su obra literaria. En cuanto a su vida personal, Pío Baroja se casó con Carmen Monné en 1904 y tuvo tres hijos. Aunque vivió en diferentes lugares durante su vida, incluyendo una breve estancia en Francia durante la Guerra Civil, Madrid fue el escenario principal de su vida y de gran parte de su producción literaria.

Las grandes influencias Literarias de Baroja:

Pío Baroja fue un escritor con una amplia gama de influencias literarias. Si bien su estilo literario y sus intereses temáticos eran únicos, se puede identificar la influencia de otros autores en su obra. Algunos de los escritores que Pío Baroja admiraba y que influyeron en su trabajo incluyen:

1.   **Fiódor Dostoyevski:** Lo consideraba como uno de los grandes maestros de la literatura. La introspección psicológica y la exploración de los aspectos oscuros de la naturaleza humana presentes en sus obras, elementos que también se pueden encontrar en la obra de Baroja.

2.   **Honoré de Balzac:** Baroja admiraba la capacidad de Balzac para crear personajes realistas y complejos, así como su detallada descripción de la sociedad y la vida cotidiana. Esta influencia se puede apreciar en la visión crítica de la sociedad y la representación de personajes en la obra de Baroja.

3.   **Friedrich Nietzsche:** Baroja se sintió atraído por las ideas filosóficas de Nietzsche, especialmente su crítica a la moral convencional y su concepto de "superhombre". Estas ideas se reflejan en la actitud rebelde y cuestionadora de muchos de los protagonistas de las novelas de Baroja.

4.   **Émile Zola:** Baroja compartía con Zola una preocupación por la descripción realista de la vida y la sociedad. La influencia de Zola se puede apreciar en el

enfoque naturalista y en la representación de la vida cotidiana y las clases sociales en la obra de Baroja.

5.   Benito Pérez Galdós: Si bien Baroja no compartía completamente las posiciones políticas de Galdós, admiraba su capacidad para retratar la realidad social y política de la época en sus novelas. Ambos escritores comparten un interés por la descripción de la sociedad española y la crítica a los problemas políticos y sociales.

Primera parte:
La vida de un estudiante en Madrid

I.- Andrés Hurtado comienza la carrera

Serían las diez de la mañana de un día de octubre. En el patio de la Escuela de Arquitectura, grupos de estudiantes esperaban a que se abriera la clase.

De la puerta de la calle de los Estudios que daba a este patio, iban entrando muchachos jóvenes que, al encontrarse reunidos, se saludaban, reían y hablaban. Por una de estas anomalías clásicas de España, aquellos estudiantes que esperaban en el patio de la Escuela de Arquitectura no eran arquitectos del porvenir, sino futuros médicos y farmacéuticos. La clase de química general del año preparatorio de medicina y farmacia se daba en esta época en una antigua capilla del Instituto de San Isidro convertida en clase, y éste tenía su entrada por la Escuela de Arquitectura. La cantidad de estudiantes y la impaciencia que demostraban por entrar en el aula se explicaba fácilmente por ser aquél primer día de curso y del comienzo de la carrera. Ese paso del bachillerato al estudio de facultad siempre da al estudiante ciertas ilusiones, le hace creerse más hombre, que su vida ha de cambiar. Andrés Hurtado, algo sorprendido de verse entre tanto compañero, miraba atentamente arrimado a la pared la puerta de un ángulo del patio por donde tenían que pasar. Los chicos se agrupaban delante de aquella puerta como el público a la entrada de un teatro. Andrés seguía apoyado en la pared, cuando sintió que le agarraban del brazo y le decían:

—¡Hola, chico! Hurtado se volvió y se encontró con su compañero de Instituto Julio Aracil.

Habían sido condiscípulos en San Isidro; pero Andrés hacía tiempo que no veía a Julio. Éste había estudiado el último año del bachillerato, según dijo, en provincias.

—¿Qué, tú también vienes aquí? —le preguntó Aracil.

—Ya ves.

—¿Qué estudias?

—Medicina.

—¡Hombre! Yo también. Estudiaremos juntos.

Aracil se encontraba en compañía de un muchacho de más edad que él, a juzgar por su aspecto, de barba rubia y ojos claros.

Este muchacho y Aracil, los dos correctos, hablaban con desdén de los demás estudiantes, en su mayoría palurdos provincianos, que manifestaban la alegría y la sorpresa de verse juntos con gritos y carcajadas.

Abrieron la clase, y los estudiantes, apresurándose y apretándose como si fueran a ver un espectáculo entretenido, comenzaron a pasar.

—Habrá que ver cómo entran dentro de unos días —dijo Aracil burlonamente.

—Tendrán la misma prisa para salir que ahora tienen para entrar —repuso el otro. Aracil, su amigo y Hurtado se sentaron juntos. La clase era la antigua capilla del Instituto de San Isidro de cuando éste pertenecía a los jesuitas. Tenía el techo pintado con grandes figuras a estilo de Jordaens; en los ángulos de la escocia los cuatro evangelistas y en el centro una porción de figuras y escenas bíblicas. Desde el suelo hasta cerca del techo se levantaba una gradería de madera muy empinada con una escalera central, lo que daba a la clase el aspecto del gallinero de un teatro. Los estudiantes llenaron los bancos casi hasta arriba; no estaba aún el catedrático, y como había mucha gente alborotadora entre los alumnos, alguno comenzó a dar golpecitos en el suelo con el bastón; otros muchos le imitaron, y se produjo una furiosa algarabía. De pronto se abrió una puertecilla del fondo de la tribuna, y apareció un señor viejo, muy empaquetado, seguido de dos ayudantes jóvenes. Aquella aparición teatral del profesor y de los ayudantes provocó grandes murmullos; alguno de los alumnos más atrevido comenzó a aplaudir, y viendo que el viejo catedrático no sólo no se incomodaba, sino que saludaba como reconocido, aplaudieron aún más.

—Esto es una ridiculez —dijo Hurtado.

—A él no le debe parecer eso —replicó Aracil riéndose—; pero si es tan majadero que le gusta que le aplaudan, le

49

aplaudiremos.

El profesor era un pobre hombre presuntuoso, ridículo. Había estudiado en París y adquirido los gestos y las posturas amaneradas de un francés petulante. El buen señor comenzó un discurso de salutación a sus alumnos, muy enfático y altisonante, con algunos toques sentimentales: les habló de su maestro Liebig, de su amigo Pasteur, de su camarada Berthelot, de la Ciencia, del microscopio... Su melena blanca, su bigote engomado, su perilla puntiaguda, que le temblaba al hablar, su voz hueca y solemne le daban el aspecto de un padre severo de drama, y alguno de los estudiantes que encontró este parecido, recitó en voz alta y cavernosa los versos de Don Diego Tenorio cuando entra en la Hostería del Laurel en el drama de Zorrilla: Que un hombre de mi linaje Descienda a tan ruin mansión. Los que estaban al lado del recitador irrespetuoso se echaron a reír, y los demás estudiantes miraron al grupo de los alborotadores.

—¿Qué es eso? ¿Qué pasa? — dijoel profesor poniéndose los lentes y acercándose al barandado de la tribuna—.

¿Es que alguno ha perdido la herradura por ahí? Yo suplico a los que están al lado de ese asno que rebuzna con tal perfección que se alejen de él, porque sus coces deben ser mortales de necesidad. Rieron los estudiantes con gran entusiasmo, el profesor dio por terminada la clase retirándose, haciendo un saludo ceremonioso y los chicos aplaudieron a rabiar.

Salió Andrés Hurtado con Aracil, y los dos, en compañía del joven de la barba rubia, que se llamaba Montaner, se encaminaron a la Universidad Central, en donde daban la clase de Zoología y la de Botánica.

En esta última los estudiantes intentaron repetir el escándalo de la clase de Química; pero el profesor, un viejecillo seco y malhumorado, le salió al encuentro, y les dijo que de él no se reía nadie, ni nadie le aplaudía como si fuera un histrión. De la Universidad, Montaner, Aracil y Hurtado marcharon hacia el centro. Andrés experimentaba por Julio Aracil bastante antipatía, aunque en algunas cosas le reconocía cierta superioridad; pero sintió aún mayor aversión por Montaner. Las primeras palabras entre Montaner y Hurtado fueron poco amables. Montaner hablaba con una seguridad de todo algo ofensiva; se creía, sin duda, un hombre de mundo. Hurtado le replicó varias veces bruscamente. Los dos condiscípulos se encontraron en esta primera conversación completamente en desacuerdo. Hurtado era republicano, Montaner defensor de la familia real; Hurtado era enemigo de la burguesía, Montaner partidario de la clase rica y de la aristocracia.

—Dejad esas cosas —dijo varias veces Julio Aracil—; tan estúpido es ser monárquico como republicano; tan tonto defender a los pobres como a los ricos. La cuestión sería tener dinero, un cochecito como ése —y señalaba uno— y una mujer como aquélla. La hostilidad entre Hurtado y Montaner todavía se manifestó delante del escaparate de una librería. Hurtado, era partidario de los escritores naturalistas, que a Montaner no le gustaban; Hurtado, era entusiasta de Espronceda; Montaner, de Zorrilla; no se entendían en nada.

Llegaron a la Puerta del Sol y tomaron por la Carrera de San Jerónimo.

—Bueno, yo me voy a casa —dijo Hurtado.

—¿Dónde vives? —le preguntó Aracil.

—En la calle de Atocha.

—Pues los tres vivimos cerca.

Fueron juntos a la plaza de Antón Martín y allí se separaron con muy poca afabilidad.

II.- Los estudiantes

En esta época era todavía Madrid una de las pocas ciudades que conservaba espíritu romántico.

Todos los pueblos tienen, sin duda, una serie de fórmulas prácticas para la vida, consecuencia de la raza, de la historia, del ambiente físico y moral. Tales fórmulas, tal especial manera de ver, constituye un pragmatismo útil, simplificador, sintetizador. El pragmatismo nacional cumple su misión mientras deja paso libre a la realidad; pero si se cierra este paso, entonces la normalidad de un pueblo se altera, la atmósfera se enrarece, las ideas y los hechos toman perspectivas falsas. En un ambiente de ficciones, residuo de un pragmatismo viejo y sin renovación vivía el Madrid de hace años. Otras ciudades españolas se habían dado alguna cuenta de la necesidad de transformarse y de cambiar; Madrid seguía inmóvil, sin curiosidad, sin deseo de cambio.

El estudiante madrileño, sobre todo el venido de provincias, llegaba a la corte con un espíritu donjuanesco, con la idea de divertirse, jugar, perseguir a las mujeres, pensando, como decía el profesor de Química con su solemnidad habitual, quemarse pronto en un ambiente demasiado oxigenado. Menos el sentido religioso, la mayoría no lo tenían, ni les preocupaba gran cosa la religión; los estudiantes de las postrimerías del siglo XIX venían a la corte con el espíritu de un estudiante del siglo XVII, con la ilusión de imitar, dentro de lo posible, a Don Juan Tenorio y de vivir, llevando a sangre y a fuego amores y desafíos. El estudiante culto, aunque quisiera ver las cosas dentro de la realidad e intentara adquirir una idea clara de su país y del papel que representaba en el mundo, no podía. La acción de la cultura europea en España era realmente restringida, y localizada a cuestiones técnicas, los periódicos daban una idea incompleta de todo; la tendencia general era hacer creer que lo grande de España podía ser pequeño fuera de ella y, al contrario, por una especie de mala fe internacional.

Si en Francia o en Alemania no hablaban de las cosas de España, o hablaban de ellas en broma, era porque nos odiaban; teníamos aquí grandes hombres que producían la envidia de otros países: Castelar, Cánovas, Echegaray... España entera, y Madrid, sobre todo, vivía en un ambiente de optimismo absurdo. Todo lo español era lo mejor. Esa tendencia natural a la mentira, a la ilusión del país pobre que se aísla, contribuía al estancamiento, a la fosilificación de las ideas.

Aquel ambiente de inmovilidad, de falsedad, se reflejaba en las cátedras. Andrés Hurtado pudo comprobarlo al comenzar a estudiar Medicina. Los profesores del año preparatorio eran viejísimos; había algunos que llevaban cerca de cincuenta años explicando. Sin duda no los jubilaban por sus influencias y por esa simpatía y respeto que ha habido siempre en España por lo inútil.

Sobre todo, aquella clase de Química de la antigua capilla del Instituto de San Isidro era escandalosa. El viejo profesor recordaba las conferencias del Instituto de Francia, de célebres químicos, y creía, sin duda, que explicando la obtención del nitrógeno y del cloro estaba haciendo un descubrimiento, y le gustaba que le aplaudieran. Satisfacía su pueril vanidad dejando los experimentos aparatosos para la conclusión de la clase con el fin de retirarse entre aplausos como un prestidigitador. Los estudiantes le aplaudían, riendo a carcajadas. A veces, en medio de la clase, a alguno de los alumnos se le ocurría marcharse, se levantaba y se iba. Al bajar por la escalera de la gradería los pasos del fugitivo producían gran estrépito, y los demás muchachos sentados llevaban el compás golpeando con los pies y con los bastones. En la clase se hablaba, se fumaba, se leían novelas, nadie seguía la explicación; alguno llegó a presentarse con una corneta, y cuando el profesor se disponía a echar en un vaso de agua un trozo de potasio, dio dos toques de atención; otro metió un perro vagabundo, y fue un problema echarlo. Había estudiantes descarados que llegaban a las mayores insolencias; gritaban, rebuznaban, interrumpían al profesor. Una de las gracias

56

de estos estudiantes era la de dar un nombre falso cuando se lo preguntaban.

—Usted —decía el profesor señalándole con el dedo, mientras le temblaba la perilla por la cólera—, ¿cómo se llama usted?

—¿Quién? ¿Yo?

—Sí, señor ¡usted, usted! ¿Cómo se llama usted? —añadía el profesor, mirando la lista.

—Salvador Sánchez.

—Alias Frascuelo —decía alguno, entendido con él.

—Me llamo Salvador Sánchez; no sé a quién le importará que me llame así, y si hay alguno que le importe, que lo diga —replicaba el estudiante, mirando al sitio de donde había salido la voz y haciéndose el incomodado.

—¡Vaya usted a paseo! —replicaba el otro.

—¡Eh! ¡Eh! ¡Fuera! ¡Al corral! —gritaban varias voces.

—Bueno, bueno. Está bien. Váyase usted —decía el profesor, temiendo las consecuencias de estos altercados. El muchacho se marchaba, y a los pocos días

57

volvía a repetir la gracia, dando como suyo el nombre de algún político célebre o de algún torero.

Andrés Hurtado los primeros días de clase no salía de su asombro. Todo aquello era demasiado absurdo. Él hubiese querido encontrar una disciplina fuerte y al mismo tiempo afectuosa, y se encontraba con una clase grotesca en que los alumnos se burlaban del profesor. Su preparación para la Ciencia no podía ser más desdichada.

III.- Andrés Hurtado y su familia

En casi todos los momentos de su vida Andrés experimentaba la sensación de sentirse solo y abandonado. La muerte de su madre le había dejado un gran vacío en el alma y una inclinación por la tristeza. La familia de Andrés, muy numerosa, se hallaba formada por el padre y cinco hermanos.

El padre, don Pedro Hurtado, era un señor alto, flaco, elegante, hombre guapo y calavera en su juventud. De un egoísmo frenético, se consideraba el meta-centro del mundo. Tenía una desigualdad de carácter perturbadora, una mezcla de sentimientos aristocráticos y plebeyos insoportable. Su manera de ser se revelaba de una manera insólita e inesperada. Dirigía la casa despóticamente, con una mezcla de chinchorrería y de abandono, de despotismo y de arbitrariedad, que a Andrés le sacaba de quicio. Varias veces, al oír a don Pedro quejarse del cuidado que le proporcionaba el manejo de la casa, sus hijos le dijeron que lo dejara en manos de Margarita.

Margarita contaba ya veinte años, y sabía atender a las necesidades familiares mejor que el padre; pero don Pedro no quería. A éste le gustaba disponer del dinero, tenía como norma gastar de cuando en cuando veinte o treinta duros en caprichos suyos, aunque supiera que en su casa se necesitaban para algo imprescindible.

Don Pedro ocupaba el cuarto mejor, usaba ropa interior fina, no podía utilizar pañuelos de algodón como todos los demás de la familia, sino de hilo y de seda. Era socio de dos casinos, cultivaba amistades con gente de posición y con algunos aristócratas, y administraba la casa de la calle de Atocha, donde vivían. Su mujer, Fermina Iturrioz, fue una víctima; pasó la existencia creyendo que sufrir era el destino natural de la mujer. Después de muerta, don Pedro Hurtado hacía el honor a la difunta de reconocer sus grandes virtudes.

—No os parecéis a vuestra madre —decía a sus hijos—; aquélla fue una santa.

A Andrés le molestaba que don Pedro hablara tanto de su madre, y a veces le contestó violentamente, diciéndole que dejara en paz a los muertos. De los hijos, el mayor y el pequeño, Alejandro y Luis, eran los favoritos del padre.

Alejandro era un retrato degradado de don Pedro. Más inútil y egoísta aún, nunca quiso hacer nada, ni estudiar ni trabajar, y le habían colocado en una oficina del Estado, adonde iba solamente a cobrar el sueldo. Alejandro daba espectáculos bochornosos en casa; volvía a las altas horas de las tabernas, se emborrachaba y vomitaba y molestaba a todo el mundo. Al comenzar la carrera Andrés, Margarita tenía unos veinte años.

Era una muchacha decidida, un poco seca,

dominadora y egoísta. Pedro venía tras ella en edad y representaba la indiferencia filosófica y la buena pasta. Estudiaba para abogado, y salía bien por recomendaciones; pero no se cuidaba de la carrera para nada. Iba al teatro, se vestía con elegancia, tenía todos los meses una novia distinta.

Dentro de sus medios gozaba de la vida alegremente. El hermano pequeño, Luisito, de cuatro o cinco años, tenía poca salud. La disposición espiritual de la familia era un tanto original. Don Pedro prefería a Alejandro y a Luis; consideraba a Margarita como si fuera una persona mayor; le era indiferente su hijo Pedro, y casi odiaba a Andrés, porque no se sometía a su voluntad. Hubiera habido que profundizar mucho para encontrar en él algún afecto paternal. Alejandro sentía dentro de la casa las mismas simpatías que el padre; Margarita quería más que a nadie a Pedro y a Luisito, estimaba a Andrés y respetaba a su padre. Pedro era un poco indiferente; experimentaba algún cariño por Margarita y por Luisito y una gran admiración por Andrés.
Respecto a este último, quería apasionadamente al hermano pequeño, tenía

afecto por Pedro y por Margarita, aunque con ésta reñía constantemente, despreciaba a Alejandro y casi odiaba a su padre; no le podía soportar, le encontraba petulante, egoísta, necio, pagado de sí mismo

Entre padre e hijo existía una incompatibilidad absoluta, completa, no podían estar conformes en nada. Bastaba que uno afirmara una cosa para que el otro tomara la posición contraria.

IV.- En el aislamiento

La madre de Andrés, navarra fanática, había llevado a los nueve o diez años a sus hijos a confesarse. Andrés, de chico sintió mucho miedo, sólo con la idea de acercarse al confesionario. Llevaba en la memoria el día de la primera confesión, como una cosa trascendental, la lista de todos sus pecados; pero aquel día, sin duda el cura tenía prisa y le despachó sin dar gran importancia a sus pequeñas transgresiones morales. Esta primera confesión fue para él un chorro de agua fría; su hermano Pedro le dijo que él se había confesado ya varias veces, pero que nunca se tomaba el trabajo de recordar sus pecados. A la segunda confesión, Andrés fue dispuesto a no decir al cura más que cuatro cosas para salir del paso. A la tercera o cuarta vez se comulgaba sin confesarse sin el menor escrúpulo. Después, cuando murió su madre, en algunas ocasiones su padre y su hermana le preguntaban si había cumplido con Pascua, a lo cual él contestaba que sí indiferentemente.

Los dos hermanos mayores, Alejandro y Pedro, habían estudiado en un colegio mientras cursaban el bachillerato; pero al llegar el turno a Andrés, el padre dijo que era mucho gasto, y llevaron al chico al Instituto de San Isidro y allí estudió un tanto abandonado.

Aquel abandono y el andar con los chicos de la calle despabiló a Andrés.

Se sentía aislado de la familia, sin madre, muy solo, y la soledad le hizo reconcentrado y triste. No le gustaba ir a los paseos donde hubiera gente, como a su hermano Pedro; prefería meterse en su cuarto y leer novelas.

Su imaginación galopaba, lo consumía todo

de antemano. Haré esto y luego esto

— pensaba—. ¿Y después?

Y resolvía este después y se le presentaba otro y otro. Cuando concluyó el bachillerato se decidió a estudiar Medicina sin consultar a nadie. Su padre se lo había indicado muchas veces: Estudia lo que quieras; eso es cosa tuya. A pesar de decírselo y de recomendárselo el que su hijo siguiese sus inclinaciones sin consultárselo a nadie, interiormente le indignaba. Don Pedro estaba constantemente predispuesto contra aquel hijo, que él consideraba díscolo y rebelde. Andrés no cedía en lo que estimaba derecho suyo, y se plantaba contra su padre y su hermano mayor con una terquedad violenta y agresiva. Margarita tenía que intervenir en estas trifulcas, que casi siempre concluían marchándose Andrés a su cuarto o a la calle.

Las discusiones comenzaban por la cosa más insignificante; el desacuerdo entre padre e hijo no necesitaba un motivo especial para manifestarse, era absoluto y completo; cualquier punto que se tocara bastaba para hacer brotar la hostilidad, no se cambiaba entre ellos una palabra amable. Generalmente el motivo de las discusiones era político; don Pedro se burlaba de los revolucionarios, a quien dirigía todos sus desprecios e invectivas, y Andrés contestaba insultando a la burguesía, a los curas y al ejército.

Don Pedro aseguraba que una persona decente no podía ser más que conservador. En los partidos avanzados tenía que haber necesariamente gentuza, según él. Para don Pedro el hombre rico era el hombre por excelencia; tendía a considerar la riqueza, no como una casualidad, como una virtud; además suponía que con el dinero se podía todo. Andrés recordaba el caso frecuente de muchachos imbéciles, hijos de familias ricas, y demostraba que un hombre con un arca llena de oro y un par de millones del Banco de Inglaterra en una isla desierta no podría hacer nada; pero su padre no se dignaba atender estos argumentos. Las discusiones de casa de Hurtado se reflejaban invertidas en el piso de arriba entre un señor catalán y su hijo. En casa del catalán, el padre era el liberal y el hijo el conservador; ahora que el padre era un liberal cándido y que hablaba mal el castellano, y el hijo un conservador muy burlón y mal intencionado. Muchas veces se oía llegar desde el patio una voz de trueno con acento, ecía:

—Si la Gloriosa no se hubiera quedado en su camino, ya se hubiera visto lo que era España.

Y poco después la voz del hijo, que gritaba burlonamente.

—¡La Gloriosa! ¡Valiente mamarrachada!

—¡Qué estúpidas discusiones! —decía Margarita con un mohín de desprecio, dirigiéndose a su hermano Andrés—. ¡Como si por lo que vosotros habléis se fueran a resolver las cosas! A medida que Andrés se hacía hombre, la hostilidad entre él y su padre aumentaba. El hijo no le pedía nunca dinero; quería considerar a don Pedro como a un extraño.

V.- El rincón de Andrés

La casa donde vivía la Hurtado era propiedad de un marqués, a quien don Pedro había conocido en el colegio. Don Pedro la administraba, cobraba los alquileres y hablaba mucho y con entusiasmo del marqués y de sus fincas, lo que a su hijo le parecía de una absoluta bajeza.

La familia de Hurtado estaba bien relacionada; don Pedro, a pesar de sus arbitrariedades y de su despotismo casero, era amabilísimo con los de fuera y sabía sostener las amistades útiles. Hurtado conocía a toda la vecindad y era muy complaciente con ella. Guardaba a los vecinos muchas atenciones, menos a los de las guardillas, a quienes odiaba. En su teoría del dinero equivalente a mérito, llevada a la práctica, desheredado tenía que ser sinónimo de miserable.

Don Pedro hablaba con frecuencia de las dos exbailarinas y las elogiaba mucho; su hijo Alejandro celebraba las frases de su padre como si fueran de un camarada suyo;

Durante el bachillerato Andrés había dormido en la misma habitación que su hermano Pedro; pero al comenzar la carrera pidió a Margarita le trasladaran a un bajo de techo, utilizado para guardar trastos viejos. Margarita al principio se opuso; pero luego accedió, mandó quitar los armarios y baúles, y allí se instaló Andrés. La casa era grande, con esos pasillos y recovecos un poco misteriosos de las construcciones antiguas. Para llegar al nuevo cuarto de Andrés había que subir unas escaleras, lo que le dejaba completamente independiente. El cuartucho tenía un aspecto de celda; Andrés pidió a Margarita le cediera un armario y lo llenó de libros y papeles, colgó en las paredes los huesos del esqueleto que le dio su tío el doctor Iturrioz y dejó el cuarto con cierto aire Allá se encontraba a su gusto, solo; decía que estudiaba mejor con aquel silencio; pero muchas veces se pasaba el tiempo leyendo novelas o mirando sencillamente por la ventana.

Esta ventana caía sobre la parte de atrás de varias casas de las calles de Santa Isabel y de la Esperancilla, y sobre unos patios y tejavanas. Andrés había dado nombres novelescos a lo que se veía desde allí: la casa misteriosa, la casa de la escalera, la torre de la cruz, el puente del gato negro, el tejado del depósito de agua… Los gatos de casa de Andrés salían por la ventana y hacían largas excursiones por estas tejavanas y saledizos, robaban de las cocinas, y un día uno de ellos se presentó con una perdiz en la boca. Luisito solía ir contentísimo al cuarto de su hermano, observaba las maniobras de los gatos, miraba la calavera con curiosidad; le producía todo un gran entusiasmo. Pedro, que siempre había tenido por su hermano cierta admiración, iba también a verle a su cubil y a admirarle como a un bicho raro.

Al final del primer año de carrera, Andrés empezó a tener mucho miedo de salir mal de los exámenes. Las asignaturas eran para marear a cualquiera; los libros muy voluminosos; apenas había tiempo de enterarse bien; luego las clases en distintos sitios, distantes los unos de los otros, hacían perder tiempo andando de aquí para allá, lo que constituía motivos de distracción. Además, y esto Andrés no podía achacárselo a nadie más que a sí mismo, muchas veces, con Aracil y con Montaner, iba, dejando la clase, a la parada de Palacio o al Retiro, y después, por la noche, en vez de estudiar, se dedicaba a leer novelas. Llegó mayo y Andrés se puso a devorar los libros a ver si podía resarcirse del tiempo perdido. Sentía un gran temor de salir mal, más que nada por la rechifla del padre, que podía decir: Para eso creo que no necesitabas tanta soledad. Con gran asombro suyo aprobó cuatro asignaturas, y le suspendieron, sin ningún asombro por su parte, en la última, en el examen de Química.

No quiso confesar en casa el pequeño tropiezo e inventó que no se había presentado.

—¡Valiente primo! —le dijo su hermano Alejandro.

Andrés decidió estudiar con energía durante el verano. Allí, en su celda, se encontraría muy bien, muy tranquilo y a gusto. Pronto se olvidó de sus propósitos, y en vez de estudiar miraba por la ventana con un anteojo la gente que salía en las casas de la vecindad. Por la mañana dos muchachitas aparecían en unos balcones lejanos. Cuando se levantaba Andrés ya estaban ellas en el balcón. Se peinaban y se ponían cintas en el pelo. No se les veía bien la cara, porque el anteojo, además de ser de poco alcance, no era acromático y daba una gran irisación de todos los objetos. Un chico que vivía enfrente de esas muchachas solía echarlas un rayo de sol con un espejito. Ellas le reñían y amenazaban, hasta que, cansadas, se sentaban a coser en el balcón. En una guardilla próxima había una vecina que al levantarse se pintaba la cara. Sin duda no sospechaba que pudieran mirarle y realizaba su operación de un modo concienzudo. Debía de hacer una verdadera obra de arte; parecía un ebanista barnizando un mueble. Andrés, a pesar de que leía y leía el libro, no se enteraba de nada.

Al comenzar a repasar vio que, excepto las primeras lecciones de Química, de todo lo demás apenas podía contestar. Pensó en buscar alguna recomendación; no quería decirle nada a su padre, y fue a casa de su tío Iturrioz a explicarle lo que le pasaba. Iturrioz le preguntó:

—¿Sabes algo de química? —Muy poco.

—¿No has estudiado? —Sí; pero se me olvida todo en seguida.

—Es que hay que saber estudiar. Salir bien en los exámenes es una cuestión mnemotécnica, que consiste en aprender y repetir el mínimum de datos hasta dominarlos...; pero, en fin, ya no es tiempo de eso, te recomendaré, vete con esta carta a casa del profesor.

Andrés fue a ver al catedrático, que le trató como a un recluta. El examen que hizo días después le asombró por lo detestable; se levantó de la silla confuso, lleno de vergüenza. Esperó, teniendo la seguridad de que saldría mal; pero se encontró, con gran sorpresa, que le habían aprobado.

VI.- La sala de disección

El curso siguiente, de menos asignaturas, era algo más fácil, no había tantas cosas que retener en la cabeza. A pesar de esto, sólo la Anatomía bastaba para poner a prueba la memoria mejor organizada. Unos meses después del principio de curso, en el tiempo frío, se comenzaba la clase de disección. Los cincuenta o sesenta alumnos se repartían en diez o doce mesas y se agrupaban de cinco en cinco en cada una. Se reunieron en la misma mesa, Montaner, Aracil y Hurtado, y otros dos a quien ellos consideraban como extraños a su pequeño círculo. Sin saber por qué, Hurtado y Montaner, que en el curso anterior se sentían hostiles se hicieron muy amigos en el siguiente. Andrés le pidió a su hermana Margarita que le cosiera una blusa para la clase de disección; una blusa negra con mangas de hule y vivos amarillos. Margarita se la hizo.

Estas blusas no eran nada limpias, porque en las mangas, sobre todo, se pegaban piltrafas de carne, que se secaban y no se veían. La mayoría de los estudiantes ansiaban llegar a la sala de disección y hundir el escalpelo en los cadáveres, como si les quedara un fondo atávico de crueldad primitiva. En todos ellos se producía un alarde de indiferencia y de jovialidad al encontrarse frente a la muerte, como si fuera una cosa divertida y alegre destripar y cortar en pedazos los cuerpos de los infelices que llegaban allá.

Dentro de la clase de disección, los estudiantes gustaban de encontrar grotesca la muerte; a un cadáver le ponían un cucurucho en la boca o un sombrero de papel. Se contaba de un estudiante de segundo año que había embromado a un amigo suyo, que sabía era un poco aprensivo, de este modo: cogió el brazo de un muerto, se embozó en la capa y se acercó a saludar a su amigo.

—¿Hola, ¿qué tal? —le dijo sacando por

debajo de la capa la mano del cadáver.

— Bien y tú, contestó el otro. El amigo estrechó la mano, se estremeció al notar su frialdad y quedó horrorizado al ver que por debajo de la capa salía el brazo de un cadáver. De otro caso sucedido por entonces, se habló mucho entre los alumnos. Uno de los médicos del hospital, especialista en enfermedades nerviosas, había dado orden de que, a un enfermo suyo, muerto en su sala, se le hiciera la autopsia y se le extrajera el cerebro y se le llevara a su casa. El interno extrajo el cerebro y lo envió con un mozo al domicilio del médico. La criada de la casa, al ver el paquete, creyó que eran sesos de vaca, y los llevó a la cocina y los preparó y los sirvió a la familia. Se contaban muchas historias como ésta, fueran verdad o no, con verdadera fruición. Existía entre los estudiantes de Medicina una tendencia al espíritu de clase, consistente en un común desdén por la muerte; en cierto entusiasmo por la brutalidad quirúrgica, y en un gran desprecio por la sensibilidad.

Andrés Hurtado no manifestaba más sensibilidad que los otros; no le hacía tampoco ninguna mella ver abrir, cortar y descuartizar cadáveres. Lo que sí le molestaba, era el procedimiento de sacar los muertos del carro en donde los traían del depósito del hospital. Los mozos cogían estos cadáveres, uno por los brazos y otro por los pies, los aupaban y los echaban al suelo. Eran casi siempre cuerpos esqueléticos, amarillos, como momias. Al dar en la piedra, hacían un ruido desagradable, extraño, como de algo sin elasticidad, que se derrama; luego, los mozos iban cogiendo los muertos, uno a uno, por los pies y arrastrándolos por el suelo; y al pasar unas escaleras que había para bajar a un patio donde estaba el depósito de la sala, las cabezas iban dando lúgubremente en los escalones de piedra. La impresión era terrible; aquello parecía el final de una batalla prehistórica, o de un combate de circo romano, en que los vencedores fueran arrastrando a los vencidos.

Hurtado imitaba a los héroes de las novelas leídas por él, y reflexionaba acerca de la vida y de la muerte; pensaba que si las madres de aquellos desgraciados que iban al "spoliarium", hubiesen vislumbrado el final miserable de sus hijos, hubieran deseado seguramente parirlos muertos. Otra cosa desagradable para Andrés era el ver después de hechas las disecciones, cómo metían todos los pedazos sobrantes en unas calderas cilíndricas pintadas de rojo, en donde aparecía una mano entre un hígado, y un trozo de masa encefálica, y un ojo opaco y turbio en medio del tejido pulmonar.

A pesar de la repugnancia que le inspiraban tales cosas, no le preocupaban; la anatomía y la disección le producían interés. Esta curiosidad por sorprender la vida; este instinto de inquisición tan humano, lo experimentaba él como casi todos los alumnos.

Uno de los que lo sentían con más fuerza, era un catalán amigo de Aracil, que aún estudiaba en el Instituto. Jaime Massó así se llamaba, tenía la cabeza pequeña, el pelo negro, muy fino, la tez de un color blanco amarillento, y la mandíbula prognata. Sin ser inteligente, sentía tal curiosidad por el funcionamiento de los órganos, que si podía se llevaba a casa la mano o el brazo de un muerto, para disecarlos a su gusto. Con las piltrafas, según decía, abonaba unos tiestos o los echaba al balcón de un aristócrata de la vecindad a quien odiaba.

Massó, especial en todo, tenía los estigmas de un degenerado. Era muy supersticioso; andaba por en medio de las calles y nunca por las aceras; decía medio en broma, medio en serio, que al pasar iba dejando como rastro, un hilo invisible que no debía romperse. Así, cuando iba a un café o al teatro salía por la misma puerta por donde había entrado para ir recogiendo el misterioso hilo. Otra cosa caracterizaba a Massó; su wagnerismo entusiasta e intransigente que contrastaba con la indiferencia musical de Aracil, de Hurtado y de los demás. Aracil había formado a su alrededor una camarilla de amigos a quienes dominaba y mortificaba, y entre éstos se contaba Massó; le daba grandes plantones, se burlaba de él, lo tenía como a un payaso. Aracil demostraba casi siempre una crueldad desdeñosa, sin brutalidad, de un carácter femenino. Aracil, Montaner y Hurtado, como muchachos que vivían en Madrid, se reunían poco con los estudiantes provincianos; sentían por ellos un gran desprecio; todas esas historias del casino del pueblo, de la

77

novia y de las calaveradas en el lugarón de la Mancha o de Extremadura, les parecían cosas plebeyas, buenas para gente de calidad inferior. Esta misma tendencia aristocrática, más grande sobre todo en Aracil y en Montaner que en Andrés, les hacía huir de lo estruendoso, de lo vulgar, de lo bajo; sentían repugnancia por aquellas chirlatas en donde los estudiantes de provincias perdían curso tras curso, estúpidamente jugando al billar o al dominó. A pesar de la influencia de sus amigos, que le inducían a aceptar las ideas y la vida de un señorito madrileño de buena sociedad, Hurtado se resistía. Sujeto a la acción de la familia, de sus condiscípulos, y de los libros, Andrés iba formando su espíritu con el aporte de conocimientos y datos un poco heterogéneos. Su biblioteca aumentaba con desechos; varios libros ya antiguos de Medicina y de Biología, le dio su tío Iturrioz; otros, en su mayoría folletines y novelas, los encontró en casa; algunos los fue comprando en las librerías de lance. Una señora vieja, amiga de la familia, le regaló unas ilustraciones y la historia de la Revolución francesa, de Thiers.

Este libro, que comenzó treinta veces y

treinta veces lo dejó aburrido, llegó a leerlo y a preocuparle. Después de la historia de Thiers, leyó los "Girondinos" de Lamartine. Con la lógica un poco rectilínea del hombre joven, llegó a creer que el tipo más grande de la Revolución era Saint Just. En muchos libros, en las primeras páginas en blanco, escribió el nombre de su héroe, y lo rodeó como a un sol de rayos. Este entusiasmo absurdo lo mantuvo secreto; no quiso comunicárselo a sus amigos. Sus cariños y sus odios revolucionarios, se los reservaba, no salían fuera de su cuarto.

De esta manera, Andrés Hurtado se sentía distinto cuando hablaba con sus condiscípulos en los pasillos de San Carlos y cuando soñaba en la soledad de su cuartucho. Tenía Hurtado dos amigos a quienes veía de tarde en tarde. Con ellos debatía las mismas cuestiones que con Aracil y Montaner, y podía así apreciar y comparar sus puntos de vista. De estos amigos, compañeros de Instituto, el uno, estudiaba para ingeniero, y se llamaba Rafael Sañudo; el otro era un chico enfermo, Fermín Ibarra.

A Sañudo, Andrés le veía los sábados por la

noche en un café de la calle Mayor, que se llamaba Café del Siglo. A medida que pasaba el tiempo, veía Hurtado cómo divergía en gustos y en ideas de su amigo Sañudo, con quien antes, de chico, se encontraba tan de acuerdo. Sañudo y sus condiscípulos no hablaban en el café más que de música; de las óperas del Real, y sobre todo, de Wagner. Para ellos, la ciencia, la política, la revolución, España, nada tenía importancia al lado de la música de Wagner. Wagner era el Mesías, Beethoven y Mozart los precursores.

Había algunos beethovenianos que no querían aceptar a Wagner, no ya como el Mesías, ni aun siquiera como un continuador digno de sus antecesores, y no hablaban más que de la quinta y de la novena, en éxtasis.

A Hurtado, que no le preocupaba la música, estas conversaciones le impacientaban. Empezó a creer que esa idea general y vulgar de que el gusto por la música significa espiritualidad, era inexacta. Por lo menos en los casos que él veía, la espiritualidad no se confirmaba. Entre aquellos estudiantes amigos de Sañudo, muy filarmónicos, había muchos, casi todos, mezquinos, mal intencionados, envidiosos.

Sin duda, pensó Hurtado, que le gustaba explicárselo todo, la vaguedad de la música hace que los envidiosos y los canallas, al oír las melodías de Mozart, o las armonías de Wagner, descansen con delicia de la acritud interna que les producen sus malos sentimientos, como un hiperclorhídrico al ingerir una sustancia neutra.

En aquel Café del Siglo, adonde iba Sañudo, el público en su mayoría era de estudiantes; había también algunos grupos de familia, de esos que se atornillan en una mesa, con gran desesperación del mozo, y unas cuantas muchachas de aire equívoco. Entre ellas llamaba la atención una rubia muy guapa, acompañada de su madre. La madre era una chatorrona gorda, con el colmillo retorcido, y la mirada de jabalí. Se conocía su historia; después de vivir con un sargento, el padre de la muchacha se había casado con un relojero alemán, hasta que éste, harto de la golfería de su mujer, la había echado de su casa a puntapiés. Sañudo y sus amigos se pasaban la noche del sábado hablando mal de todo el mundo, y luego comentando con el pianista y el violinista del café, las bellezas de una sonata de Beethoven o de un minué de Mozart. Hurtado comprendió que aquél no era su centro y dejó de ir por allí. Varias noches, Andrés entraba en algún café cantante con su tablado para las cantadoras y bailadoras.

El baile flamenco le gustaba y el canto también cuando era sencillo; pero aquellos especialistas de café, hombres gordos que se sentaban en una silla con un palito y comenzaban a dar jipíos y a poner la cara muy triste, le parecían repugnantes. La imaginación de Andrés le hacía ver peligros imaginarios que por un esfuerzo de voluntad intentaba desafiar y vencer. Había algunos cafés cantantes y casas de juego, muy cerrados, que a Hurtado se le antojaban peligrosos; uno de ellos, era el café del Brillante, donde se formaban grupos de chulos, camareras y bailadoras; el otro, un garito de la calle de la Magdalena, con las ventanas ocultas por cortinas verdes. Andrés se decía: Nada, hay que entrar aquí; y entraba temblando de miedo. Estos miedos variaban en él.

Durante algún tiempo, tuvo como una mujer extraña, a una buscona de la calle del Candil, con unos ojos negros sombreados de oscuro, y una sonrisa que mostraba sus dientes blancos. Al verla, Andrés se estremecía y se echaba a temblar.

Un día la oyó hablar con acento gallego, y sin saber por qué, todo su terror desapareció. Muchos domingos por la tarde, Andrés iba a casa de su condiscípulo Fermín Ibarra.Fermín estaba enfermo con una artritis, y se pasaba la vida leyendo libros ciencia recreativa. Su madre le tenía como a un niño y le compraba juguetes mecánicos que a él le divertían. Hurtado le contaba lo que hacía, le hablaba de la clase de disección, de los cafés cantantes, de la vida de Madrid de noche. Fermín, resignado, le oía con gran curiosidad. Cosa absurda; al salir de casa del pobre enfermo, Andrés tenía una idea agradable de su vida.

¿Era un sentimiento malvado de contraste? ¿El sentirse sano y fuerte cerca del impedido y del débil? Fuera de aquellos momentos, en los demás, el estudio, las discusiones, la casa, los amigos, sus correrías, todo esto, mezclado con sus pensamientos, le daba una impresión de dolor, de amargura en el espíritu. La vida en general, y sobre todo la suya, le parecía una cosa fea, turbia, dolorosa e indominable.

VII.- Aracil y Montaner

Aracil, Montaner y Hurtado concluyeron felizmente su primer curso de Anatomía. Aracil se fue a Galicia, en donde se hallaba empleado su padre; Montaner, a un pueblo de la Sierra y Andrés se quedó sin amigos. El verano le pareció largo y pesado; por las mañanas iba con Margarita y Luisito al Retiro, y allí corrían y jugaban los tres; luego la tarde y la noche las pasaba en casa dedicado a leer novelas; una porción de folletines publicados en los periódicos durante varios años, Dumas padre, Eugenio Sué, Montepín, Gaboriau, Miss Braddon sirvieron de pasto a su afán de leer. Tal dosis de literatura, de crímenes, de aventuras y de misterios acabó por aburrirle. Los primeros días del curso le sorprendieron agradablemente.

En estos días otoñales duraba todavía la feria de septiembre en el Prado, delante del Jardín Botánico, y al mismo tiempo que las barracas con juguetes, los tíos vivos, los tiros al blanco y los montones de nueces, almendras y acerolas, había puestos de libros en donde se congregaban los bibliófilos, a revolver y a hojear los viejos volúmenes llenos de polvo.Hurtado solía pasar todo el tiempo que duraba la feria registrando los libracos entre el señor grave, vestido de negro, con anteojos, de aspecto doctoral, y algún cura esquelético, de sotana raída.

Tenía Andrés cierta ilusión por el nuevo curso, iba a estudiar Fisiología y creía que el estudio de las funciones de la vida le interesaría tanto o más que una novela; pero se engañó, no fue así. Primeramente, el libro de texto era un libro estúpido, hecho con recortes de obras francesas y escrito sin claridad y sin entusiasmo; leyéndolo no se podía formar una idea clara del mecanismo de la vida; el hombre aparecía, según el autor, como un armario con una serie de aparatos dentro, completamente separados los unos de los otros como los negociados de un ministerio.

Luego, el catedrático era hombre sin ninguna afición a lo que explicaba, un señor senador, de esos latosos, que se pasaba las tardes en el Senado discutiendo tonterías y provocando el sueño de los abuelos de la Patria. Era imposible que con aquel texto y aquel profesor llegara nadie a sentir el deseo de penetrar en la ciencia de la vida. La Fisiología, cursándola así, parecía una cosa estólida y deslavazada, sin problemas de interés ni ningún atractivo. Hurtado tuvo una verdadera decepción. Era indispensable tomar la Fisiología como todo lo demás, sin entusiasmo, como uno de los obstáculos que salvar para concluir la carrera. Esta idea, de una serie de obstáculos, era la idea de Aracil. Él consideraba una locura el pensar que habían de encontrar un estudio agradable. Julio, en esto, y en casi todo, acertaba. Su gran sentido de la realidad le engañaba pocas veces.

Aquel curso, Hurtado intimó bastante con Julio Aracil. Julio era un año o año y medio más viejo que Hurtado y parecía más hombre.

Era moreno, de ojos brillantes y saltones, la cara de una expresión viva, la palabra fácil, la inteligencia rápida. Con estas condiciones cualquiera hubiese pensado que se hacía simpático; pero no, le pasaba todo lo contrario; la mayoría de los conocidos le profesaban poco afecto. Julio vivía con unas tías viejas; su padre, empleado en una capital de provincia, era de una posición bastante modesta. Julio se mostraba muy independiente, podía haber buscado la protección de su primo Enrique Aracil que por entonces acababa de obtener una plaza de médico en el hospital, por oposición, y que podía ayudarle; pero Julio no quería protección alguna; no iba ni a ver a su primo; pretendía debérselo todo a sí mismo. Dada su tendencia práctica, era un poco paradójica esta resistencia suya a ser protegido. Julio, muy hábil, no estudiaba casi nada, pero aprobaba siempre. Buscaba amigos menos inteligentes que él para explotarles; allí donde veía una superioridad cualquiera, fuese en el orden que fuese, se retiraba. Llegó a confesar a Hurtado, que le molestaba pasear con gente de más estatura que él. Julio

87

aprendía con gran facilidad todos los juegos. Sus padres, haciendo un sacrificio, podían pagarle los libros, las matrículas y la ropa. La tía de Julio solía darle para que fuera alguna vez al teatro un duro todos los meses, y Aracil se las arreglaba jugando a las cartas con sus amigos, de tal manera, que después de ir al café y al teatro y comprar cigarrillos, al cabo del mes, no sólo le quedaba el duro de su tía, sino que tenía dos o tres más. Aracil era un poco petulante, se cuidaba el pelo, el bigote, las uñas y le gustaba echárselas de guapo. Su gran deseo en el fondo era dominar, pero no podía ejercer su dominación en una zona extensa, ni trazarse un plan, y toda su voluntad de poder y toda su habilidad se empleaba en cosas pequeñas. Hurtado les comparaba a esos insectos activos que van dando vueltas a un camino circular con una decisión inquebrantable e inútil. Una de las ideas gratas a Julio era pensar que había muchos vicios y depravaciones en Madrid.

La venalidad de los políticos, la fragilidad de las mujeres, todo lo que significara claudicación, le gustaba; que una cómica, por hacer un papel importante, se entendía con un empresario viejo y repulsivo; que una mujer, al parecer honrada, iba a una casa de citas, le encantaba. Esa omnipotencia del dinero, antipática para un hombre de sentimientos delicados, le parecía a Aracil algo sublime, admirable, un holocausto natural a la fuerza del oro. Julio era un verdadero fenicio; procedía de Mallorca y probablemente había en él sangre semítica. Por lo menos si la sangre faltaba, las inclinaciones de la raza estaban íntegras. Soñaba con viajar por el Oriente, y aseguraba siempre que, de tener dinero, los primeros países que visitaría serían Egipto y el Asia Menor.

El doctor Iturrioz, tío carnal de Andrés Hurtado, solía afirmar probablemente de una manera arbitraria, que, en España, desde un punto de vista moral; hay dos tipos: el tipo ibérico y el tipo semita. Al tipo ibérico asignaba el doctor las cualidades fuertes y guerreras de la raza; al tipo semita, las tendencias rapaces, de intriga y de comercio. Aracil era un ejemplar acabado del tipo semita. Sus ascendientes debieron ser comerciantes de esclavos en algún pueblo del Mediterráneo. A Julio le molestaba todo lo que fuera violento y exaltado: el patriotismo, la guerra, el entusiasmo político o social; le gustaba el fausto, la riqueza, las alhajas, y como no tenía dinero para comprarlas buenas, las llevaba falsas y casi le hacía más gracia lo mixtificado que lo bueno.

Daba tanta importancia al dinero, sobre todo al dinero ganado, que el comprobar lo difícil de conseguirlo le agradaba. Como era su dios, su ídolo, de darse demasiado fácilmente, le hubiese parecido mal. Un paraíso conseguido sin esfuerzo no entusiasma al creyente; la mitad por lo menos del mérito de la gloria está en su dificultad, y para Julio la dificultad de conseguir el dinero constituía uno de sus mayores encantos. Otra de las condiciones de Aracil era acomodarse a las circunstancias, para él no había cosas desagradables; de considerarlo necesario, lo aceptaba todo. Con su sentido previsor de hormiga, calculaba la cantidad de placeres obtenibles por una cantidad de dinero. Esto constituía una de sus mayores preocupaciones. Miraba los bienes de la tierra con ojos de tasador judío. Si se convencía de que una cosa de treinta céntimos la había comprado por veinte, sentía un verdadero disgusto. Julio leía novelas francesas de escritores medio naturalistas, medio galantes; estas relaciones de la vida de lujo y de vicio de París le encantaban. De ser cierta la clasificación de Iturrioz, Montaner también tenía más del tipo semita que del ibérico. Era enemigo de lo violento y de lo exaltado, perezoso, tranquilo, comodón. Blando de carácter, daba al principio de tratarle cierta impresión de acritud y energía, que no era más que el reflejo del ambiente de su familia, constituida por el padre y la madre y varias hermanas solteronas, de carácter duro y avinagrado. Cuando Andrés llegó a conocer a fondo a Montaner, se hizo amigo suyo.

Concluyeron los tres compañeros el curso. Aracil se marchó, como solía hacerlo todos los veranos, al pueblo en donde estaba su familia, y Montaner y Hurtado se quedaron en Madrid. El verano fue sofocante; por las noches, Montaner, después de cenar, iba a casa de Hurtado, y los dos amigos paseaban por la Castellana y por el Prado, que por entonces tomaba el carácter de un paseo provinciano aburrido, polvoriento y lánguido. Al final del verano un amigo le dio a

Montaner una entrada para los Jardines del Buen Retiro. Fueron los dos todas las noches.

Oían cantar óperas antiguas, interrumpidas por los gritos de la gente que pasaba dentro del vagón de una montaña rusa que cruzaba el jardín; seguían a las chicas, y a la salida se sentaban a tomar horchata o limón en algún puesto del Prado. Lo mismo Montaner que Andrés hablaban casi siempre mal de Julio; estaban de acuerdo en considerarle egoísta, mezquino, sórdido, incapaz de hacer nada por nadie. Sin embargo, cuando Aracil llegaba a Madrid, los dos se reunían siempre con él.

VIII.- Una fórmula de la vida

El año siguiente, el cuarto de carrera, había para los alumnos, y sobre todo para Andrés Hurtado, un motivo de curiosidad: la clase de don José de Letamendi. Letamendi era de estos hombres universales que se tenían en la España de hace unos años; hombres universales a quienes no se les conocía ni de nombre pasados los Pirineos. Un desconocimiento tal en Europa de genios tan trascendentales se explicaba por esa hipótesis absurda, que, aunque no la defendía nadie claramente, era aceptada por todos, la hipótesis del odio y la mala fe internacionales que hacía que las cosas grandes de España fueran pequeñas en el extranjero y viceversa. Letamendi era un señor flaco, bajito, escuálido, con melenas grises y barba blanca. Tenía cierto tipo de aguilucho, la nariz corva, los ojos hundidos y brillantes. Se veía en él un hombre que se había hecho una cabeza, como dicen los franceses.

Vestía siempre levita algo entallada, y llevaba un sombrero de copa de alas planas, de esos sombreros clásicos de los melenudos profesores de la Sorbona. En San Carlos corría como una verdad indiscutible que Letamendi era un genio; uno de esos hombres águilas que se adelantan a su tiempo; todo el mundo le encontraba abstruso porque hablaba y escribía con gran empaque un lenguaje medio filosófico, medio literario. Andrés Hurtado, que se hallaba ansioso de encontrar algo que llegase al fondo de los problemas de la vida, comenzó a leer el libro de Letamendi con entusiasmo. La aplicación de las Matemáticas a la Biología le pareció admirable. Andrés fue pronto un convencido. Como todo el que cree hallarse en posesión de una verdad tiene ciertatendencia de proselitismo, una noche Andrés fue al café donde se reunían Sañudo y sus amigos a hablar de las doctrinas de Letamendi, a explicarlas y a comentarlas. Estaba como siempre Sañudo con varios estudiantes de ingenieros. Hurtado se reunió con ellos y aprovechó la primera ocasión para llevar la conversación al terreno que deseaba y expuso la fórmula de la vida de Letamendi e intentó explicar los corolarios que de ella deducía el autor. Al decir Andrés que la vida, según Letamendi, es una función indeterminada entre la energía individual y el cosmos, y que esta función no puede ser más que suma, resta, multiplicación y división, y que no pudiendo ser suma, ni resta, ni división, tiene que ser multiplicación, uno de los amigos de Sañudo se echó a reír.

—¿Por qué se ríe usted? —le preguntó Andrés, sorprendido.

—Porque en todo eso que dice usted hay

una porción de sofismas y de falsedades. Primeramente, hay muchas más funciones matemáticas que sumar, restar, multiplicar y dividir.

—¿Cuáles? —Elevar a potencia, extraer raíces...

Después, aunque no hubiera más que cuatro funciones matemáticas primitivas, es absurdo pensar que en el conflicto de estos dos elementos la energía de la vida y el cosmos, uno de ellos, por lo menos, heterogéneo y complicado, porque no haya suma, ni resta, ni división, ha de haber multiplicación. Además, sería necesario demostrar por qué no puede haber suma, por qué no puede haber resta y por qué no puede haber división. Después habría que demostrar por qué no puede haber dos o tres funciones simultáneas. No basta decirlo.

—Pero eso lo da el razonamiento.

—No, no; perdone usted —replicó el estudiante—. Por ejemplo, entre esa mujer y yo puede haber varias funciones matemáticas: suma, si hacemos los dos una misma cosa ayudándonos; resta, si ella quiere una cosa y yo la contraria y vence uno de los dos contra el otro; multiplicación, si tenemos un hijo, y división si yo la corto en pedazos a ella o ella a mí.

—Eso es una broma —dijo Andrés.

—Claro que es una broma —replicó el estudiante—, una broma por el estilo de las de su profesor; pero que tiende a una verdad, y es que entre la fuerza de la vida y el cosmos hay un infinito de funciones distintas: sumas, restas, multiplicaciones, de todo, y que además es muy posible que existan otras funciones que no tengan expresión matemática. Andrés Hurtado, que había ido al café creyendo que sus preposiciones convencerían a los alumnos de ingenieros, se quedó un poco perplejo y cariacontecido al comprobar su derrota. Leyó de nuevo el libro de Letamendi, siguió oyendo sus explicaciones y se convenció de que todo aquello de la fórmula de la vida y sus corolarios, que al principio le pareció serio y profundo, no eran más que juegos de prestidigitación, unas veces ingeniosos, otras veces vulgares, pero siempre sin realidad alguna, ni metafísica, ni empírica.

Todas estas fórmulas matemáticas y su

desarrollo no eran más que vulgaridades disfrazadas con un aparato científico, adornadas por conceptos retóricos que la papanatería de profesores y alumnos tomaba como visiones de profeta. Por dentro, aquel buen señor de las melenas, con su mirada de águila y su diletantismo artístico, científico y literario; pintor en sus ratos de ocio, violinista y compositor y genio por los cuatro costados, era un mixtificador audaz con ese fondo aparatoso y botarate de los mediterráneos. Su único mérito real era tener condiciones de literato, de hombre de talento verbal.

La palabrería de Letamendi produjo en Andrés un deseo de asomarse al mundo filosófico y con este objeto compró en unas ediciones económicas los libros de Kant, de Fichte y de Schopenhauer. Leyó primero "La Ciencia del Conocimiento", de Fichte, y no pudo enterarse de nada. Sacó la impresión de que el mismo traductor no había comprendido lo que traducía; después comenzó la lectura de "Parerga y Paralipomena", y le pareció un libro casi ameno, en parte cándido, y le divirtió más de lo que suponía. Por último, intentó descibrar

"La crítica de la razón pura". Veía que con un esfuerzo de atención podía seguir el razonamiento del autor como quien sigue el desarrollo de un teorema matemático; pero le pareció demasiado esfuerzo para su cerebro y dejó Kant para más adelante, y siguió leyendo a Schopenhauer, que tenía para él el atractivo de ser un consejero chusco y divertido. Algunos pedantes le decían que Schopenhauer había pasado de moda, como si la labor de un hombre de inteligencia extraordinaria fuera como la forma de un sombrero de copa.

Los condiscípulos, a quien asombraban estos buceamientos de Andrés Hurtado, le decían:

—¿Pero no te basta con la filosofía de Letamendi?

—Si eso no es filosofía ni nada —replicaba Andrés—. Letamendi es un hombre sin una idea profunda; no tiene en la cabeza más que palabras y frases. Ahora, como vosotros no las comprendéis, os parecen extraordinarias. El verano, durante las vacaciones, Andrés leyó en la Biblioteca Nacional algunos libros filosóficos nuevos de los profesores franceses e italianos y le sorprendieron. La mayoría de estos libros no tenían más que el título

sugestivo; lo demás era una eterna divagación acerca de métodos y clasificaciones. A Hurtado no le importaba nada la cuestión de los métodos y de las clasificaciones, ni saber si la Sociología era una ciencia o un ciempiés inventado por los sabios; lo que quería encontrar era una orientación, una verdad espiritual y práctica al mismo tiempo.

Los bazares de la ciencia de los Lombroso y los Ferri, de los Fouillée y de los Janet, le produjeron una mala impresión. Este espíritu latino y su claridad tan celebrada le pareció una de las cosas más insulsas, más banales y anodinas. Debajo de los títulos pomposos no había más que vulgaridad a todo pasto. Aquello era, con relación a la filosofía, lo que son los específicos de la cuarta plana de los periódicos respecto a la medicina verdadera. En cada autor francés se le figuraba a Hurtado ver un señor cyranesco, tomando actitudes gallardas y hablando con voz nasal; en cambio, todos los italianos le parecían barítonos de zarzuela. Viendo que no le gustaban los libros modernos volvió a emprender con la obra de Kant, y leyó entera con grandes trabajos la "Crítica de la razón pura".

Ya aprovechaba algo más lo que leía y le quedaban las líneas generales de los sistemas que iba desentrañando.

IX.- Un rezagado

Al principio de otoño y comienzo del curso siguiente, Luisito, el hermano menor, cayó enfermo con fiebres.

Andrés sentía por Luisito un cariño exclusivo y huraño. El chico le preocupaba de una manera patológica, le parecía que los elementos todos se conjuraban contra él. Visitó al enfermito el doctor Aracil, el pariente de Julio, y a los pocos días indicó que se trataba de una fiebre tifoidea. Andrés pasó momentos angustiosos; leía con desesperación en los libros de Patología de descripción y el tratamiento de la fiebre tifoidea y hablaba con el médico de los remedios que podrían emplearse.

El doctor Aracil a todo decía que no

—Es una enfermedad que no tiene tratamiento específico —aseguraba—; bañarle, alimentarle y esperar, nada más.

Andrés era el encargado de preparar el baño y tomar la temperatura a Luis. El enfermo tuvo días de fiebre muy alta. Por las mañanas, cuando bajaba la calentura, preguntaba a cada momento por Margarita y Andrés. Éste, en el curso de la enfermedad, quedó asombrado de la resistencia y de la energía de su hermana; pasaba las noches sin dormir cuidando del niño; no se le ocurría jamás, y si se le ocurría no le daba importancia, la idea de que pudiera contagiarse. Andrés desde entonces comenzó a sentir una gran estimación por Margarita; el cariño de Luisito los había unido. A los treinta o cuarenta días la fiebre desapareció, dejando al niño flaco, hecho un esqueleto. Andrés adquirió con este primer ensayo de médico un gran escepticismo. Empezó a pensar si la medicina no serviría para nada. Un buen puntal para este escepticismo le proporcionaba las explicaciones del profesor

101

de Terapéutica, que consideraba inútiles cuando no perjudiciales casi todos los preparados de la farmacopea. No era una manera de alentar los entusiasmos médicos de los alumnos, pero indudablemente el profesor lo creía así y hacía bien en decirlo. Después de las fiebres Luisito quedó débil y a cada paso daba a la familia una sorpresa desagradable; un día era un calenturón, al otro unas convulsiones. Andrés muchas noches tenía que ir a las dos o a las tres de la mañana en busca del médico y después salir a la botica. En este curso, Andrés se hizo amigo de un estudiante rezagado, ya bastante viejo, a quien cada año de carrera costaba por lo menos dos o tres. Un día este estudiante le preguntó a Andrés qué le pasaba para estar sombrío y triste. Andrés le contó que tenía al hermano enfermo, y el otro intentó tranquilizarle y consolarle. Hurtado le agradeció la simpatía y se hizo amigo del viejo estudiante.

Antonio Lamela, así se llamaba el rezagado, era gallego, un tipo flaco, nervioso, de cara escuálida, nariz afilada, una zalea de pelos negros en la barba ya con algunas canas, y la boca sin dientes, de hombre débil. A Hurtado le llamó la atención el aire de hombre misterioso de Lamela, y a éste le chocó sin duda el aspecto reconcentrado de Andrés. Los dos tenían una vida interior distinta al resto de los estudiantes. El secreto de Lamela era que estaba enamorado, pero enamorado de verdad, de una mujer de la aristocracia, una mujer de título, que andaba en coche e iba a palco al Real. Lamela le tomó a Hurtado por confidente y le contó sus amores con toda clase de detalles. Ella estaba enamoradísima de él, según aseguraba el estudiante; pero existían una porción de dificultades y de obstáculos que impedían la aproximación del uno al otro.

A Andrés le gustaba encontrarse con un tipo distinto a la generalidad. En las novelas se daba como una anomalía un hombre joven sin un gran amor; en la vida lo anómalo era encontrar un hombre enamorado de verdad. El primero que conoció Andrés fue Lamela; por eso le interesaba.

El viejo estudiante padecía un romanticismo intenso, mitigado en algunas cosas por una tendencia beocia de hombre práctico. Lamela creía en el amor y en Dios;

pero esto no le impedía emborracharse y andar de crápula con frecuencia.

Según él, había que dar al cuerpo sus necesidades mezquinas y groseras y conservar el espíritu limpio.

Esta filosofía la condensaba, diciendo: Hay que dar al cuerpo lo que es del cuerpo, y al alma lo que es del alma.

—Si todo eso del alma, es una pamplina —le decía Andrés—. Son cosas inventadas por los curas para sacar dinero.

—¡Cállate, hombre, cállate! No disparates.

Lamela en el fondo era un rezagado en todo: en la carrera y en las ideas. Discurría como un hombre de a principio del siglo. La concepción mecánica actual del mundo económico y de la sociedad, para él no existía. Tampoco existía cuestión social. Toda la cuestión social se resolvía con la caridad y con que hubiese gentes de buen corazón.

—Eres un verdadero católico —le decía Andrés—; te has fabricado el más cómodo de los mundos.

Cuando Lamela le mostró un día a su

amada, Andrés se quedó estupefacto. Era una solterona fea, negra, con una nariz de cacatúa y más años que un loro. Además de su aire antipático, ni siquiera hacía caso del estudiante gallego, a quien miraba con desprecio, con un gesto desagradable y avinagrado. Al espíritu fantaseador de Lamela no llegaba nunca la realidad. A pesar de su apariencia sonriente y humilde, tenía un orgullo y una confianza en sí mismo extraordinaria; sentía la tranquilidad del que cree conocer el fondo de las cosas y de las acciones humanas. Delante de los demás compañeros Lamela no hablaba de sus amores; pero cuando le cogía a Hurtado por su cuenta, se desbordaba. Sus confidencias no tenían fin.

A todo le quería dar una significación complicada y fuera de lo normal.

—Chico —decía sonriendo y agarrando del brazo a Andrés—. Ayer la vi.

—¡Hombre!

—Sí —añadía con gran misterio—. Iba con la señora de compañía; fui detrás de ella, entró en su casa y poco después salió un criado al balcón. ¿Es raro, eh?

—¿Raro? ¿Por qué? —preguntaba Andrés.

—Es que luego el criado no cerró el balcón.

Hurtado se le quedaba mirando, preguntándose cómo funcionaría el cerebro de su amigo para encontrar extrañas las cosas más naturales del mundo y para creer en la belleza de aquella dama. Algunas veces que iban por el Retiro charlando, Lamela se volvía y decía:

—¡Mira, cállate!

—Pues ¿qué pasa

—Que aquel que viene allá es de esos enemigos míos que le hablan a ella mal de mí. Viene espiándome.

Andrés se quedaba asombrado.

Cuando ya tenía más confianza con él le decía:

—Mira, Lamela, yo como tú, me presentaría a la Sociedad de Psicología de París o de Londres.

—¿A qué?

—Y diría: Estúdienme ustedes, porque creo que soy el hombre más extraordinario del mundo.

El gallego se reía con su risa bonachona.

—Es que tú eres un niño —replicaba—; el día que te enamores verás cómo me das la razón a mí.

Lamela vivía en una casa de huéspedes de la plaza de Lavapiés; tenía un cuarto pequeño, desarreglado, y como estudiaba, cuando estudiaba, metido en la cama, solía descoser los libros y los guardaba desencuadernados en pliegos sueltos en el baúl o extendidos sobre la mesa. Alguna que otra vez fue Hurtado a verle a su casa.

La decoración de su cuarto consistía en una serie de botellas vacías, colocadas por todas partes. Lamela compraba el vino para él y lo guardaba en sitios inverosímiles, de miedo de que los demás huéspedes entrasen en el cuarto y se lo bebieran, lo que, por lo que contaba, era frecuente. Lamela tenía escondidas las botellas dentro de la chimenea, en el baúl, en la cómoda. De noche, según le dijo a Andrés, cuando se acostaba ponía una botella de vino debajo de la cama, y si se despertaba cogía la botella y se bebía la mitad de un trago. Estaba convencido de que no había hipnótico como el vino, y que a su lado el sulfonal y el cloral eran verdaderas filfas. Lamela nunca discutía las opiniones de los profesores, no le interesaban gran cosa; para él no podía aceptarse más clasificación entre ellos que la de los catedráticos de buena intención, amigos de aprobar, y los de mala intención, que suspendían sólo por echárselas de sabios y darse tono. En la mayoría de los casos Lamela dividía a los hombres en dos grupos: los unos, gente franca, honrada, de buen fondo, de buen corazón; los otros, gente mezquina y vanidosa. Para Lamela, Aracil y Montaner eran de esta última clase, de los más mezquinos e insignificantes. Verdad es que ninguno de los dos le tomaba en serio a Lamela. Andrés contaba en su casa las extravagancias de su amigo. A Margarita le interesaban mucho estos amores. Luisito, que tenía la imaginación de un chico enfermizo, había inventado, escuchándole a su hermano, un cuento que se llamaba "Los amores de un estudiante gallego con la reina de las cacatúas".

X.- Paso por San Juan de Dios

Sin gran brillantez, pero también sin grandes fracasos, Andrés Hurtado iba avanzando en su carrera. Al comenzar el cuarto año se le ocurrió a Julio Aracil asistir a unos cursos de enfermedades venéreas que daba un médico en el Hospital de San Juan de Dios. Aracil invitó a Montaner y a Hurtado a que le acompañaran; unos meses después iba a haber exámenes de alumnos internos para ingreso en el Hospital General; pensaban presentarse los tres, y no estaba mal el ver enfermos con frecuencia. La visita en San Juan de Dios fue un nuevo motivo de depresión y melancolía para Hurtado. Pensaba que por una causa o por otra el mundo le iba presentando su cara más fea. A los pocos días de frecuentar el hospital, Andrés se inclinaba a creer que el pesimismo de Schopenhauer era una verdad casi matemática. El mundo le parecía una mezcla de manicomio y de hospital; ser inteligente constituía una desgracia, y sólo la felicidad podía venir de la inconsciencia y de la locura. Lamela, sin pensarlo, viviendo con sus ilusiones, tomaba las proporciones de un sabio.

Aracil, Montaner y Hurtado visitaron una

sala de mujeres de San Juan de Dios. Para un hombre excitado e inquieto como Andrés, el espectáculo tenía que ser deprimente.

Las enfermas eran de lo más caído y miserable. Ver tanta desdichada sin hogar, abandonada, en una sala negra, en un estercolero humano; comprobar y evidenciar la podredumbre que envenena la vida sexual, le hizo a Andrés una angustiosa impresión.

El hospital aquel, ya derruido por fortuna, era un edificio inmundo, sucio, mal oliente; las ventanas de las salas daban a la calle de Atocha y tenían, además de las rejas, unas alambreras para que las mujeres recluidas no se asomaran y escandalizaran. De este modo no entraba allí el sol ni el aire. El médico de la sala, amigo de Julio, era un vejete ridículo, con unas largas patillas blancas. El hombre, aunque no sabía gran cosa, quería darse aire de catedrático, lo cual a nadie podía parecer un crimen; lo miserable, lo canallesco era que trataba con una crueldad inútil a aquellas desdichadas acogidas allí y las maltrataba de palabra y de obra.

¿Por qué? Era incomprensible.

Aquel petulante idiota mandaba llevar

castigadas a las enfermas a las guardillas y tenerlas uno o dos días encerradas por delitos imaginarios. El hablar de una cama a otra durante la visita, el quejarse en la cura, cualquier cosa, bastaba para estos severos castigos. Otras veces mandaba ponerlas a pan y agua.

Era un macaco cruel este tipo, a quien habían dado una misión tan humana como la de cuidar de pobres enfermas. Hurtado no podía soportar la bestialidad de aquel idiota de las patillas blancas. Aracil se reía de las indignaciones de su amigo.

Una vez Hurtado decidió no volver más por allá. Había una mujer que guardaba constantemente en el regazo un gato blanco.

Era una mujer que debió haber sido muy bella, con ojos negros, grandes, sombreados, la nariz algo corva y el tipo egipcio. El gato era, sin duda, lo único que le quedaba de un pasado mejor. Al entrar el médico, la enferma solía bajar disimuladamente al gato de la cama y dejarlo en el suelo; el animal se quedaba escondido, asustado, al ver entrar al médico con sus alumnos; pero uno de los días el médico le vio y comenzó a darle patadas.

—Coged a ese gato y matarlo —dijo el idiota de las patillas blancas al practicante.

El practicante y una enfermera comenzaron a perseguir al animal por toda la sala; la enferma miraba angustiada esta persecución.

—Y a esta tía llevadla a la guardilla —añadió el médico.

La enferma seguía la caza con la mirada, y cuando vio que cogían a su gato, dos lágrimas gruesas corrieron por sus mejillas pálidas.

—¡Canalla! ¡Idiota! —exclamó Hurtado, acercándose al médico con el puño levantado.

—No seas estúpido! —dijo Aracil—. Si no quieres venir aquí, márchate.

—Sí, me voy, no tengas cuidado; por no patearle las tripas a ese idiota, miserable. Desde aquel día ya no quiso volver más a San Juan de Dios.

La exaltación humanitaria de Andrés hubiera aumentado sin las influencias que obraban en su espíritu. Una de ellas era la de

Julio, que se burlaba de todas las ideas exageradas, como decía él; la otra, la de Lamela, con su idealismo práctico, y, por último, la lectura de "Parerga y Paralipomena", de Schopenhauer, que le inducía a la no acción.

A pesar de estas tendencias enfrenadoras, durante muchos días estuvo Andrés impresionado por lo quedijeron varios obreros en un mitin de anarquistas del Liceo Ríus. Uno de ellos, Ernesto Álvarez, un hombre moreno, de ojos negros y barba entrecana, habló en aquel mitin de una manera elocuente y exaltada; habló de los niños abandonados, de los mendigos, de las mujeres caídas... Andrés sintió el atractivo de este sentimentalismo, quizá algo morboso.

Cuando exponía sus ideas acerca de la injusticia social. ulio Aracil le salía al encuentro con su buen sentido:

—Claro que hay cosas malas en la sociedad —decía Aracil—. ¿Pero quién las va a arreglar? ¿Esos vividores que hablan en los mítines? Además, hay desdichas que son comunes a todos; esos albañiles de los dramas populares que se nos vienen a quejar de que sufren el frío del invierno y el calor del verano,

no son los únicos; lo mismo nos pasa a los demás. Las palabras de Aracil eran la gota de agua fría en las exaltaciones humanitarias de Andrés.

—Si quieres dedicarte a esas cosas —le decía—, hazte político, aprende a hablar.

—Pero si yo no me quiero dedicar a político —replicaba Andrés indignado.

—Pues si no, no puedes hacer nada.

Claro que toda reforma en un sentido humanitario tenía que ser colectiva y realizarse por un procedimiento político, y a Julio no le era muy difícil convencer a su amigo de lo turbio de la política. Julio llevaba la duda a los romanticismos de Hurtado; no necesitaba insistir mucho para convencerle de que la política es un arte de granjería. Realmente, la política española nunca ha sido nada alto ni nada noble; no era muy difícil convencer a un madrileño de que no debía tener confianza en ella. La inacción, la sospecha de la inanidad y de la impureza de todo arrastraban a Hurtado cada vez más a sentirse pesimista. Se iba inclinando a un anarquismo espiritual, basado en la simpatía y en la piedad, sin solución práctica ninguna. La lógica justiciera y revolucionaria de los Saint-Just ya no le entusiasmaba, le parecía una cosa artificial y fuera de la naturaleza. Pensaba que en la vida ni había ni podía haber justicia. La vida era una corriente tumultuosa e inconsciente donde los actores representaban una tragedia que no comprendían, y los hombres, llegados a un estado de intelectualidad, contemplaban la escena con una mirada compasiva y piadosa. Estos vaivenes en las ideas, esta falta de plan y de freno, le llevaban a Andrés al mayor desconcierto, a una sobreexcitación cerebral continua e inútil.

XI.- De alumno interno

A mediados de curso se celebraron exámenes de alumnos internos para el Hospital General. Aracil, Montaner y Hurtado decidieron presentarse.

El examen consistía en unas preguntas

hechas al capricho por los profesores acerca de puntos de las asignaturas ya cursadas por los alumnos. Hurtado fue a ver a su tío Iturrioz para que le recomendara.

—Bueno; te recomendaré —le dijo el tío—. ¿Tienes afición a la carrera?

—Muy poca.

—Y entonces ¿para qué quieres entrar en el hospital?

—¡Ya qué le voy a hacer! Veré si voy adquiriendo la afición. Además, cobraré unos cuartos, que me convienen.

—Muy bien —contestó Iturrioz—. Contigo se sabe a qué atenerse; eso me gusta. En el examen, Aracil y Hurtado salieron aprobados.

Primero tenían que ser libretistas; su obligación consistía en ir por la mañana y apuntar las recetas que ordenaba el médico; por la tarde, recoger la botica, repartirla y hacer guardias. De libretistas, con seis duros al mes, pasaban a internos de clase superior, con nueve, y luego a ayudantes, con doce duros, lo que representaba la cantidad respetable dedos pesetas al día. Andrés fue llamado por un médico amigo de su tío, que visitaba una de las salas altas del tercer piso del hospital. La sala era de medicina. El médico, hombre estudioso, había llegado a dominar el diagnóstico como pocos. Fuera de su profesión no le interesaba nada; política, literatura, arte, filosofía o astronomía, todo lo que no fuera auscultar o percutir, analizar orinas o esputos, era letra muerta para él. Consideraba, y quizá tenía razón, que la verdadera moral del estudiante de medicina estribaba en ocuparse únicamente de lo médico, y fuera de esto, divertirse.

A Andrés le preocupaban más las ideas y los sentimientos de los enfermos que los síntomas de las enfermedades.

Pronto pudo ver el médico de la sala la poca afición de Hurtado por la carrera.

—Usted piensa en todo menos en lo que es medicina —le dijo a Andrés con severidad.

El médico de la sala estaba en lo cierto. El nuevo interno no llevaba el camino de ser un clínico; le interesaban los aspectos psicológicos de las cosas; quería investigar qué hacían las hermanas de la Caridad, si tenían o no vocación; sentía curiosidad por saber la organización del hospital y averiguar por dónde se filtraba el dinero consignado por la Diputación. La inmoralidad dominaba dentro del vetusto edificio. Desde los administradores de la Diputación provincial hasta una sociedad de internos que vendía la quinina del hospital en las boticas de la calle de Atocha, había seguramente todas las formas de la filtración. En las guardias, los internos y los señores capellanes se dedicaban a jugar al monte, y en el Arsenal funcionaba casi constantemente una timba en la que la postura menor era una perra gorda. Los médicos, entre los que había algunos muy chulos; los curas, que no lo eran menos, y los internos, se pasaban la noche tirando de la oreja a Jorge. Los señores capellanes se jugaban las pestañas; uno de ellos era un hombrecito bajito, cínico y rubio, que había llegado a olvidar sus estudios de cura y adquirido afición por la medicina. Como la carrera de médico era demasiado larga para él, se iba a examinar de ministrante, y si podía, pensaba abandonar definitivamente los hábitos.

El otro cura era un mozo bravío, alto, fuerte, de facciones enérgicas. Hablaba de una manera terminante y despótica; solía contar con gracejo historias verdes, que provocaban bárbaros comentarios. Si alguna persona devota le reprochaba la inconveniencia de sus palabras, el cura cambiaba de voz y de gesto, y con una marcada hipocresía, tomando un tonillo de falsa unción, que no cuadraba bien con su cara morena y con la expresión de sus ojos negros y atrevidos, afirmaba que la religión nada tenía que ver con los vicios de sus indignos sacerdotes. Algunos internos que le conocían desde hacía algún tiempo y le hablaban de tú, le llamaban Lagartijo, porque se parecía algo a este célebre torero.

—Oye, tú, Lagartijo —le decían.

—Qué más quisiera yo —replicaba el cura— que cambiar la estola por una muleta, y en vez de ayudar a bien morir ponerme a matar toros.

Como perdía en el juego con frecuencia, tenía muchos apuros. Una vez le decía a Andrés, entre juramentos pintorescos:

—Yo no puedo vivir así. No voy a tener más remedio que lanzarme a la calle a decir misa en todas partes y tragarme todos los días catorce hostias. A Hurtado estos rasgos de cinismo no le agradaban.

Entre los practicantes había algunos curiosísimos, verdaderas ratas de hospital, que llevaban quince o veinte años allí, sin concluir la carrera, y que visitaban clandestinamente en los barrios bajos más que muchos médicos. Andrés se hizo amigo de las hermanas de la Caridad de su sala y de algunas otras. Le hubiera gustado creer, a pesar de no ser religioso, por romanticismo, que las hermanas de la Caridad eran angelicales; pero la verdad, en el hospital no se las veía más que cuidarse de cuestiones administrativas y de llamar al confesor cuando un enfermo se ponía grave.

Además, no eran criaturas idealistas, místicas, que consideraran el mundo como un valle de lágrimas, sino muchachas sin recursos, algunas viudas, que tomaban el cargo como un oficio, para ir viviendo. Luego las buenas hermanas tenían lo mejor del hospital acotado para ellas…

Una vez un enfermo le dio a Andrés un cuadernito encontrado entre papeles viejos que habían sacado del pabellón de las hijas de la Caridad. Era el diario de una monja, una serie de notas muy breves, muy lacónicas, con algunas impresiones acerca de la vida del hospital, que abarcaban cinco o seis meses.

En la primera página tenía un nombre: sor María de la Cruz, y al lado una fecha. Andrés leyó el diario y quedó sorprendido. Había allí una narración tan sencilla, tan ingenua de la vida hospitalesca, contada con tanta gracia, que le dejó emocionado. Andrés quiso enterarse de quién era sor María, de si vivía en el hospital o dónde estaba. No tardó en averiguar que había muerto. Una monja, ya vieja, la había conocido. Le dijo a Andrés que al poco tiempo de llegar al hospital la trasladaron a una sala de tíficos, y allí adquirió la enfermedad y murió. No se atrevió Andrés a preguntar cómo era, qué cara tenía, aunque hubiese dado cualquier cosa por saberlo. Andrés guardó el diario de la monja como una reliquia, y muchas veces pensó en cómo sería, y hasta llegó a sentir por ella una verdadera obsesión.

Un tipo misterioso y extraño del hospital, que llamaba mucho la atención, y de quien se contaban varias historias, era el hermano Juan. Este hombre, que no se sabía de dónde había venido, andaba vestido con una blusa negra, alpargatas y un crucifijo colgado al cuello. El hermano Juan cuidaba por gusto de los enfermos contagiosos. Era, al parecer, un místico, un hombre que vivía en su centro natural, en medio de la miseria y el dolor. El hermano Juan era un hombre bajito, tenía la barba negra, la mirada brillante, los ademanes suaves, la voz meliflua. Era un tipo semítico. Vivía en un callejón que separaba San Carlos del Hospital General. Este callejón tenía dos puentes encristalados que lo cruzaban, y debajo de uno de ellos, del que estaba más cerca de la calle de Atocha, había establecido su cuchitril el hermano Juan. En este cuchitril se encerraba con un perrito que le hacía compañía.

A cualquier hora que fuesen a llamar al hermano, siempre había luz en su camaranchón y siempre se le encontraba despierto. Según algunos, se pasaba la vida leyendo libros verdes; según otros, rezaba; uno de los internos aseguraba haberle visto poniendo notas en unos libros en francés y en inglés acerca de psicopatías sexuales. Una noche en que Andrés estaba de guardia, uno de los internos dijo:

—Vamos a ver al hermano Juan y a pedirle algo de comer y de beber.

Fueron todos al callejón en donde el hermano tenía su escondrijo. Había luz, miraron por si se veía algo, pero no se encontraba rendija por donde espiar lo que hacía en el interior el misterioso enfermero. Llamaron e inmediatamente apareció el hermano con su blusa negra.

—Estamos de guardia, hermano Juan — dijo uno de los internos—; venimos a ver si nos da usted algo para tomar un modesto piscolabis.

—¡Pobrecitos! ¡Pobrecitos! —exclamó él— . Me encuentran ustedes muy pobre.

Pero ya veré, ya veré si tengo algo. Y el hombre desapareció tras de la puerta, la cerró con mucho cuidado y se presentó al poco rato con un paquete de café, otro de azúcar y otro de galletas. Volvieron los estudiantes al cuarto de guardia, comieron las galletas, tomaron el café y discutieron el caso del hermano.

No había unanimidad: unos creían que era un hombre distinguido; otros que era un antiguo criado; para algunos era un santo; para otros un invertido sexual o algo por el estilo. El hermano Juan era el tipo raro del hospital. Cuando recibía dinero, no se sabía de dónde, convidaba a comer a los convalecientes y regalaba las cosas que necesitaban los enfermos. A pesar de su caridad y de sus buenas obras, este hermano Juan era para Andrés repulsivo, le producía una impresión desagradable, una impresión física, orgánica. Había en él algo anormal, indudablemente. ¡Es tan lógico, tan natural en el hombre huir del dolor, de la enfermedad, de la tristeza! Y, sin embargo, para él, el sufrimiento, la pena, la suciedad debían de ser cosas atrayentes.

Andrés comprendía el otro extremo, que el hombre huyese del dolor ajeno, como de una cosa horrible y repugnante, hasta llegar a la indignidad, a la inhumanidad; comprendía que se evitara hasta la idea de que hubiese sufrimiento alrededor de uno; pero ir a buscar lo sucio, lo triste, deliberadamente, para convivir con ello, le parecía una monstruosidad. Así que cuando veía al hermano Juan sentía esa impresión repelente, de inhibición, que se experimenta ante los monstruos.

Segunda parte: Las carnarias

I.- Las minglanillas

Julio Aracil había intimado con Andrés. La vida en común de ambos en San Carlos y en el hospital iba unificando sus costumbres, aunque no sus ideas ni sus afectos. Con su dura filosofía del éxito Julio comenzaba a sentir más estimación por Hurtado que por Montaner. Andrés había pasado a ser interno como él; Montaner no sólo no pudo aprobar en estos exámenes, sino que perdió el curso, y abandonándose por completo empezó a no ir a clase y a pasar el tiempo haciendo el amor a una muchacha vecina suya. Julio Aracil comenzaba a experimentar por su amigo su gran desprecio y a desearle que todo le saliera mal.

Julio, con el pequeño sueldo del hospital, hacía cosas extraordinarias, maravillosas; llegó hasta a jugar a la Bolsa, a tener acciones de minas, a comprar un título de la Deuda. Julio quería que Andrés siguiera sus pasos de hombre de mundo.

—Te voy a presentar en casa de las Minglanillas —le dijo un día riendo.

—¿Quiénes son las Minglanillas? —preguntó Hurtado.

—Unas chicas amigas mías.

—¿Se llaman así?

—No; pero yo las llamo así; porque, sobre todo la madre, parece un personaje de Taboada.

—¿Y qué son?

—Son unas chicas hijas de una viuda pensionista, Niní y Lulú. Yo estoy arreglado con Niní, con la mayor; tú te puedes entender con la chiquita.

—¿Pero arreglado hasta qué punto estás con ella?

—Pues hasta todos los puntos. Solemos ir los dos a un rincón de la calle de Cervantes, que yo conozco, y que te lo recomendaré cuando lo necesites.

—¿Te vas a casar con ella después?

—¡Quita de ahí, hombre! No sería mal imbécil.

—Pero has inutilizado a la muchacha.

—¡Yo! ¡Qué estupidez!

—¿Pues no es tu querida?

—¿Y quién lo sabe? Además, ¿a quién le importa?

—Sin embargo…

—¡Ca! Hay que dejarse de tonterías y aprovecharse. Si tú puedes hacer lo mismo, serás un tonto si no lo haces.

A Hurtado no le parecía bien este egoísmo; pero tenía curiosidad por conocer a la familia, y fue una tarde con Julio a verla. Vivía la viuda y las dos hijas en la calle de Fúcar, en una casa sórdida, de esas con patio de vecindad y galerías llenas de puertas. Había en casa de la viuda un ambiente de miseria bastante triste; la madre y las hijas llevaban trajes raídos y remendados; los muebles eran pobres, menos alguno que otro indicador de ciertos esplendores pasados, las sillas estaban destripadas y en los agujeros de la estera se metía el pie al pasar.

La madre, doña Leonarda, era mujer poco simpática; tenía la cara amarillenta, de color de membrillo; la expresión dura, falsamente amable; la nariz corva; unos cuantos lunares en la barba, y la sonrisa forzada. La buena señora manifestaba unas

ínfulas aristocráticas grotescas, y recordaba los tiempos en que su marido había sido subsecretario e iba la familia a veranear a San Juan de Luz. El que las chicas se llamaran Niní y Lulú procedía de la niñera que tuvieron por primera vez, una francesa. Estos recuerdos de la gloria pasada, que doña Leonarda evocaba accionando con el abanico cerrado como si fuera una batuta, le hacían poner los ojos en blanco y suspirar tristemente. Al llegar a casa con Aracil, Julio se puso a charlar con Niní, y Andrés sostuvo la conversación con Lulú y con su madre.

Lulú era una muchacha graciosa, pero no bonita; tenía los ojos verdes, oscuros, sombreados por ojeras negruzcas; unos ojos que a Andrés le parecieron muy humanos; la distancia de la nariz a la boca y de la boca a la barba era en ella demasiado grande, lo que le daba cierto aspecto simio; la frente pequeña, la boca, de labios finos, con una sonrisa entre irónica y amarga; los dientes blancos, puntiagudos; la nariz un poco respingona, y la cara pálida, de mal color. Lulú demostró a Hurtado que tenía gracia, picardía e ingenio de sobra; pero le faltaba el atractivo principal de una muchacha: la ingenuidad, la frescura, la candidez. Era un producto marchito por el trabajo, por la miseria y por la inteligencia. Sus dieciocho años no parecían juventud. Su hermana Niní, de facciones incorrectas, y sobre todo menos espirituales, era más mujer, tenía deseo de agradar, hipocresía, disimulo.

El esfuerzo constante hecho por Niní para presentarse como ingenua y cándida le daba un carácter más femenino, más corriente también y vulgar. Andrés quedó convencido de que la madre conocía las verdaderas relaciones de Julio y de su hija Niní.

Sin duda ella misma había dejado que la chica se comprometiera, pensando que luego Aracil no la abandonaría.

A Hurtado no le gustó la casa; aprovecharse, como Julio, de la miseria de la familia para hacer de Niní su querida, con la idea de abandonarla cuando le conviniera, le parecía una mala acción. Todavía si Andrés no hubiera estado en el secreto de las intenciones de Julio, hubiese ido a casa de doña Leonarda sin molestia; pero tener la seguridad de que un día los amores de su amigo acabarían con una pequeña tragedia de lloros y de lamentos, en que doña Leonarda chillaría y a Niní le darían soponcios, era una perspectiva que le disgustaba.

II.- Una cachupinada

Antes de Carnaval, Julio Aracil le dijo a Hurtado:

—¿Sabes? Vamos a tener baile en casa de las Minglanillas.

—¡Hombre! ¿Cuándo va a ser eso?

—El domingo de Carnaval. El petróleo para la luz y las pastas, el alquiler del piano y el pianista se pagarán entre todos. De manera que si tú quieres ser de la cuadrilla, ya estás apoquinando.

—Bueno. No hay inconveniente. ¿Cuánto hay que pagar?

—Ya te lo diré uno de estos días.

—¿Quiénes van a ir?

—Pues irán algunas muchachas de la vecindad con sus novios, Casares, ese periodista amigo mío, un sainetero y otros. Estará bien. Habrá chicas guapas.

El domingo de Carnaval, después de salir de guardia del hospital, fue Hurtado al baile. Eran ya las once de la noche. El sereno le abrió la puerta. La casa de doña Leonarda rebosaba gente; la había hasta en la escalera. Al entrar Andrés se encontró a Julio en un grupo de jóvenes a quienes no conocía. Julio le presentó a un sainetero, un hombre estúpido y fúnebre, que a las primeras palabras, para demostrar sin duda su profesión, dijo unos cuantos chistes, a cual más conocidos y vulgares. También le presentó a Antoñito Casares, empleado y periodista, hombre de gran partido entre las mujeres.

Antoñito era un andaluz con una moral de

chulo; se figuraba que dejar pasar a una mujer sin sacarle algo era una gran torpeza. Para Casares toda mujer le debía, sólo por el hecho de serlo, una contribución, una gabela. Antoñito clasificaba a las mujeres en dos clases: unas las pobres, para divertirse, y otras las ricas, para casarse con alguna de ellas por su dinero, a ser posible. Antoñito buscaba la

mujer rica con una constancia de anglosajón. Como tenía buen aspecto y vestía bien, al principio las muchachas a quien se dirigía le acogían como a un pretendiente aceptable.

El audaz trataba de ganar terreno; hablaba a las criadas, mandaba cartas, paseaba la calle. A esto llamaba él "trabajar" a una mujer. La muchacha, mientras consideraba al galanteador como un buen partido, no le rechazaba; pero cuando se enteraba de que era un empleadillo humilde, un periodista desconocido y gorrón, ya no le volvía a mirar a la cara.

Julio Aracil sentía un gran entusiasmo por Casares, a quien consideraba como un compadre digno de él. Los dos pensaban ayudarse mutuamente para subir en la vida. Cuando comenzaron a tocar el piano todos los muchachos se lanzaron en busca de pareja.

—¿Tú sabes bailar? —le preguntó Aracil a Hurtado.

—Yo no

—Pues mira, vete al lado de Lulú, que tampoco quiere bailar, y trátala con consideración.

—¿Por qué me dices esto?

—Porque hace un momento —añadió Julio con ironía— doña Leonarda me ha dicho: A mis hijas hay que tratarlas como si fueran vírgenes, Julito, como si fueran vírgenes.

Y Julio Aracil sonrió, remedando a la madre de Niní, con su sonrisa de hombre mal intencionado y canalla. Andrés fue abriéndose paso. Había varios quinqués de petróleo iluminando la sala y el gabinete.

En el comedorcito, la mesa ofrecía a los concurrentes bandejas con dulces y pastas y botellas de vino blanco. Entre las muchachas que más sensación producían en el baile había una rubia, muy guapa, muy vistosa.

Esta rubia tenía su historia. Un señor rico que la rondaba se la llevó a un hotel de la Prosperidad, y días después la rubia se escapó del hotel, huyendo del raptor, que al parecer era un sátiro. Toda la familia de la muchacha tenía cierto estigma de anormalidad.

El padre, un venerable anciano por su aspecto, había tenido un proceso por violar a una niña, y un hermano de la rubia, después de disparar dos tiros a su mujer, intentó suicidarse. A esta rubia guapa, que se llamaba Estrella, la distinguían casi todas las vecinas con un odio furioso.

Al parecer, por lo que dijeron, exhibía en el balcón, para que rabiaran las muchachas de la vecindad, medias negras caladas, camisas de seda llenas de lacitos y otra porción de prendas interiores lujosas y espléndidas que no podían proceder más que de un comercio poco honorable.

Doña Leonarda no quería que sus hijas se trataran con aquella muchacha; según decía, ella no podía sancionar amistades de cierto género. La hermana de la Estrella, Elvira, de doce o trece años, era muy bonita, muy descocada, y seguía, sin duda, las huellas de la mayor.

—¡Esta "peque" de la vecindad es más sinvergüenza! —dijo una vieja detrás de Andrés, señalando a la Elvira. La Estrella bailaba como hubiese podido hacerlo la diosa Venus, y al moverse, sus caderas y su pecho abultado se destacaban de una manera un poco insultante.

Casares, al verla pasar, la decía:

—¡Vaya usted con Dios, guerrera! Andrés avanzó en el cuarto hasta sentarse cerca de Lulú.

—Muy tarde ha venido usted —le dijo ella.

—Sí, he estado de media guardia en el hospital.

¿Qué, no va usted a bailar?

—Yo no sé.

—¿No? —No. ¿Y usted?

—Yo no tengo ganas. Me mareo.

Casares se acercó a Lulú a invitarle a bailar.

—Oiga usted, negra —la dijo.

—¿Qué quiere usted, blanco? —le preguntó

ella con descaro.

—¿No quiere usted darse unas vueltecitas conmigo?

—No, señor.

—¿Y por qué?

—Porque no me sale... de adentro —contestó ella de una manera achulada.

—Tiene usted mala sangre, negra —le dijo Casares.

—Sí, que usted la debe tener buena, blanco —replicó ella.

—¿Por qué no ha querido usted bailar con él? —le preguntó Andrés.

—Porque es un boceras; un tío antipático, que cree que todas las mujeres están enamoradas de él.

¡Que se vaya a paseo! Siguió el baile con animación creciente y Andrés permaneció sin hablar al lado de Lulú.

—Me hace usted mucha gracia —dijo ella de pronto, riéndose, con una risa que le daba la expresión de una alimaña.

—¿Por qué? —preguntó Andrés,

enrojeciendo súbitamente.

—¿No le ha dicho a usted Julio que se entienda conmigo? ¿Sí, verdad?

—No, no me ha dicho nada.

—Sí, diga usted que sí. Ahora, que usted es demasiado delicado para confesarlo. A él le parece eso muy natural. Se tiene una novia pobre, una señorita cursi como nosotras para entretenerse, y después se busca una mujer que tenga algún dinero para casarse.

—No creo que ésa sea su intención.

—¿Que no? ¡Ya lo creo! ¿Usted se figura que no va a abandonar a Niní? En seguida que acabe la carrera. Yo le conozco mucho a Julio.

Es un egoísta y un canallita. Está engañando a mi madre y a mi hermana... y total, ¿para qué?

—No sé lo que hará Julio..., yo sé que no lo haría.

—Usted no, porque usted es de otra manera...

Además, en usted no hay caso, porque no se va a enamorar usted de mí ni aun para divertirse.

—¿Por qué no?

—Porque no.

Ella comprendía que no gustara a los hombres. A ella misma le gustaban más las chicas, y no es que tuviera instintos viciosos; pero la verdad era que no le hacían impresión los hombres. Sin duda, el velo que la naturaleza y el pudor han puesto sobre todos los motivos de la vida sexual se había desgarrado demasiado pronto para ella; sin duda supo lo que eran la mujer y el hombre en una época en que su instinto nada le decía, y esto le había producido una mezcla de indiferencia y de repulsión por todas las cosas del amor. Andrés pensó que esta repulsión provenía más que nada de la miseria orgánica, de la falta de alimentación y de aire.

Lulú le confesó que estaba deseando morirse, deverdad, sin romanticismo alguno; creía que nunca llegaría a vivir bien. La conversación les hizo muy amigos a Andrés y a Lulú.

A las doce y media hubo que terminar el

baile. Era condición indispensable, fijada por doña Leonarda; las muchachas tenían que trabajar al día siguiente, y por más que todo el mundo pidió que se continuara, doña Leonarda fue inflexible y para la una estaba ya despejada la casa.

III.- Las moscas

Andrés salió a la calle con un grupo de hombres. Hacía un frío intenso.

—¿Adónde iríamos? —preguntó Julio — Vamos a casa

de doña Virginia — propuso Casares—. ¿Ustedes la conocerán? —Yo sí la conozco —contestó Aracil.

Se acercaron a una casa próxima, de la misma calle, que hacía esquina a la de la Verónica. En un balcón del piso principal se leía este letrero a la luz de un farol:

VIRGINIA GARCÍA COMADRONA CON TÍTULO DEL COLEGIO DE SAN CARLOS

(Sage femme)

—No se ha debido acostar, porque hay luz —dijo Casares.

Julio llamó al sereno, que les abrió la puerta, y subieron todos al piso principal.

Salió a recibirles una criada vieja que les pasó a un comedor en donde estaba la comadrona sentada a una mesa con dos hombres. Tenían delante una botella de vino y tres vasos. Doña Virginia era una mujer alta, rubia, gorda, con una cara de angelito de Rubens que llevara cuarenta y cinco años revoloteando por el mundo. Tenía la tez iluminada y rojiza, como la piel de un cochinillo asado y unos lunares en el mentón que le hacían parecer una mujer barbuda. Andrés la conocía de vista por haberla encontrado en San Carlos en la clínica de partos, ataviada con unos trajes claros y unos sombreros de niña bastante ridículos.

De los dos hombres, uno era el amante de la comadrona.

Doña Virginia le presentó como un italiano profesor de idiomas de un colegio. Este señor, por lo que habló, daba la impresión de esos personajes que han viajado por el extranjero viviendo en hoteles de dos francos y que luego ya no se pueden acostumbrar a la falta de "confort" de España.

El otro, un tipo de aire siniestro, barba negra y anteojos era nada menos que el director de la revista "El Masón Ilustrado".

Doña Virginia dijo a sus visitantes que aquel día estaba de guardia, cuidando a una parturienta. La comadrona tenía una casa bastante grande con unos gabinetes misteriosos que daban a la calle de la

Verónica; allí instalaba a las muchachas, hijas de familia, a las cuales un mal paso dejaba en situación comprometida.

Doña Virginia pretendía demostrar que era de una exquisita sensibilidad.

—¡Pobrecitas! —decía de sus huéspedes—. ¡Qué malos son ustedes los hombres!

A Andrés esta mujer le pareció repulsiva. En vista de que no podían quedarse allí, salió todo el grupo de hombres a la calle.

A los pocos pasos se encontraron con un muchacho, sobrino de un prestamista de la calle de Atocha, acompañando a una chulapa con la que pensaba ir al baile de la Zarzuela.

—¡Hola, Victorio! —le saludó Aracil.

—Hola, Julio —contestó el otro—. ¿Qué tal? ¿De dónde salen ustedes?

—De aquí; de casa de doña Virginia.

—¡Valiente tía! Es una explotadora de esas pobres muchachas que lleva a su casa engañadas.

¡Un prestamista llamando explotadora a una comadrona! Indudablemente, el caso no era del todo vulgar. El director de "El Masón Ilustrado", que se reunió con Andrés, le dijo con aire grave que doña Virginia era una mujer de cuidado; había echado al otro mundo dos maridos con dos jicarazos; no le asustaba nada. Hacía abortar, suprimía chicos, secuestraba muchachas y las vendía. Acostumbrada a hacer gimnasia y a dar masaje, tenía más fuerza que un hombre, y para ella no era nada sujetar a una mujer como si fuera un niño.

En estos negocios de abortos y de tercerías manifestaba una audacia enorme. Como esas moscas sarcófagas que van a los animales despedazados y a las carnes muertas, así aparecía doña Virginia con sus palabras amables, allí donde olfateaba la familia arruinada a quien arrastraban al "spoliarium". El italiano, aseguró el director de "El Masón Ilustrado", no era profesor de idiomas ni mucho menos, sino un cómplice en los negocios nefandos de doña Virginia, y si sabía francés e inglés era porque había andado durante mucho tiempo de carterista, desvalijando a la gente en los hoteles.

Fueron todos con Victorio hasta la Carrera de San Jerónimo; allí, el sobrino del prestamista les invitó a acompañarle al baile de la Zarzuela; pero Aracil y Casares supusieron que Victorio no les querría pagar la entrada, y dijeron que no.

—Vamos a hacer una cosa —propuso el sainetero amigo de Casares.

—¿Qué? —preguntó Julio.

—Vamos a casa de Villasús. Pura habrá salido del teatro ahora.

Villasús, según le dijeron a Andrés, era un autor dramático que tenía dos hijas coristas. Este Villasús vivía en la Cuesta de Santo Domingo.

Se dirigieron a la Puerta del Sol; compraron

pasteles en la calle del Carmen esquina a la del Olivo; fueron después a la Cuesta de Santo Domingo y se detuvieron delante de una casa grande.

—Aquí no alborotemos —advirtió el sainetero—, porque el sereno no nos abriría. Abrió el sereno, entraron en un espacioso portal, y Casares y su amigo, Julio, Andrés y el director de "El Masón Ilustrado" comenzaron a subir una ancha escalera hasta llegar a las guardillas alumbrándose con fósforos. Llamaron en una puerta, apareció una muchacha que les hizo pasar a un estudio de pintor y poco después se presentó un señor de barba y pelo entrecano envuelto en un gabán.

Este señor Rafael Villasús era un pobre diablo, autor de comedias y de dramas detestables en verso.

El poeta, como se llamaba él, vivía su vida en artista, en bohemio; era en el fondo un completo majadero, que había echado a perder a sus hijas por un estúpido romanticismo. Pura y Ernestina llevaban un camino desastroso; ninguna de las dos tenía condición para la escena; pero el padre no creía más que en el arte, y las había llevado al Conservatorio, luego metido en un teatro de partiquinas y relacionado con periodistas y cómicos. Pura, la mayor, tenía un hijo con un sainetero amigo de Casares, y Ernestina estaba enredada con un revendedor. El amante de Pura, además de un acreditado imbécil, fabricante de chistes estúpidos, como la mayoría de los del gremio, era un granuja, dispuesto a llevarse todo lo que veía. Aquella noche estaba allí. Era un hombre alto, flaco, moreno, con el labio inferior colgante. Los dos saineteros hicieron gala de su ingenio, sacando a relucir una colección de chistes viejos y manidos. Ellos dos y los otros, Casares, Aracil y el director de "El Masón Ilustrado", tomaron la casa de Villasús como terreno conquistado e hicieron una porción de horrores con una mala intención canallesca. Se reían de la chifladura del padre, que creía que todo aquello era la vida artística. El pobre imbécil no notaba la mala voluntad que ponían todos en sus bromas. Las hijas, dos mujeres estúpidas y feas, comieron con avidez los pasteles que habían llevado los visitantes sin hacer caso de nada. Uno de los saineteros hizo el león, tirándose por el suelo y rugiendo, y el padre leyó unas quintillas que se aplaudieron a rabiar. Hurtado, cansado del ruido y de las gracias de los saineteros, fue a la cocina a beber un vaso de agua y se encontró con Casares y el director de "El Masón Ilustrado". Éste estaba empeñado en ensuciarse en uno de los pucheros de la cocina y echarlo luego en la tinaja del agua.

Le parecía la suya una ocurrencia graciosísima.

—Pero usted es un imbécil —le dijo Andrés bruscamente.

—¿Cómo?

—Que es usted un imbécil, una mala bestia.

—¡Usted no me dice a mí eso! —gritó el masón.

—¿No está usted oyendo que se lo digo?

—En la calle no me repite usted eso.

—En la calle y en todas partes.

Casares tuvo que intervenir, y como sin duda quería marcharse, aprovechó la ocasión de acompañar a Hurtado diciendo que iba para evitar cualquier conflicto. Pura bajó a abrirles la puerta, y el periodista y Andrés fueron juntos hasta la Puerta del Sol. Casares le brindó su protección a Andrés; sin duda, prometía protección y ayuda a todo el mundo. Hurtado se marchó a casa mal impresionado. Doña Virginia, explotando y vendiendo mujeres; aquellos jóvenes, escarneciendo a una pobre gente desdichada. La piedad no aparecía por el mundo.

IV.- Lulú

La conversación que tuvo en el baile con Lulú dio a Hurtado el deseo de intimar algo más con la muchacha. Realmente la chica era simpática y graciosa. Tenía los ojos desnivelados, uno más alto que otro, y al reír los entornaba hasta convertirlos en dos rayitas, lo que le daba una gran expresión de malicia; su sonrisa levantaba las comisuras de los labios para arriba, y su cara tomaba un aire satírico y agudo. No se mordía la lengua para hablar. Decía habitualmente horrores. No había en ella dique para su desenfreno espiritual, y cuando llegaba a lo más escabroso, una expresión de cinismo brillaba en sus ojos. El primer día que fue Andrés a ver a Lulúdespués del baile, contó su visita a casa de doña Virginia.

—¿Estuvieron ustedes a ver a la comadrona? —preguntó Lulú.

—Sí.

—Valiente tía cerda.

—Niña —exclamó doña Leonarda—, ¿qué expresiones son ésas?

—¿Pues qué es, sino una alcahueta o algo peor?

—¡Jesús! ¡Qué palabras!

Segovia, y solía ganar hasta tres pesetas al día. Con esto, unido a la pequeña pensión de doña Leonarda, vivía la familia; Niní ganaba poco, porque, aunque trabajaba,

era torpe. Cuando Andrés iba por las tardes, se encontraba a Lulú con el bastidor en las rodillas, unas veces cantando a voz en grito, otras muy silenciosa. Lulú cogía rápidamente las canciones de la calle y las cantaba con una picardía admirable. Sobre todo, esas tonadillas encanalladas, de letra grotesca, eran las que más le gustaban.

El tango aquel que empieza diciendo:

Un cocinero de Cádiz, muy afamado, a las mujeres las compara con el guisado, y esos otros en que las mujeres entran en quinta, o tienen que ser marineras, el de ¿la Niña qué" ?, o el de las mujeres que montan en bicicleta, en el que hay esa preocupación graciosa, expresada así:

Por eso hay ahora mil discusiones, por si han de llevar faldas o pantalones.

Todas estas canciones populares las cantaba con muchísima gracia. A veces le faltaba el humor y tenía esos silencios llenos de pensamientos de las chicas inquietas y neuróticas. En aquellos instantes sus ideas parecían converger hacia adentro, y la fuerza de la ideación le impulsaba a callar. Si la llamaban de pronto, mientras estaba ensimismada, se ruborizaba y se confundía.

—No sé lo que anda maquinando cuando está así —decía su madre—; pero no debe ser nada bueno.

Lulú le contó a Andrés que de chica había pasado una larga temporada sin querer hablar. En aquella época el hablar le producía una gran tristeza, y desde entonces le quedaban estos arrechuchos.

Muchas veces Lulú dejaba el bastidor y se largaba a la calle a comprar algo en la mercería próxima, y contestaba a las frases de los horteras de la manera más procaz y descarada. Este poco apego a defender los intereses de la clase les parecía a doña Leonarda y a Niní una verdadera vergüenza.

—Ten en cuenta que tu padre fue un personaje —decía doña Leonarda con énfasis.

—Y nosotras nos morimos de hambre —replicaba Lulú.

Cuando oscurecía y las tres mujeres dejaban la labor, Lulú se metía en algún rincón, apoyándose en varios sitios al mismo tiempo. Así como encajonada, en un espacio estrecho, formado por dos sillas y la mesa o por las sillas y el armario del comedor, se ponía a hablar con su habitual cinismo, escandalizando a su madre y a su hermana. Todo lo que fuera deforme en un sentido humano la regocijaba. Estaba acostumbrada a no guardar respeto a nada ni a nadie. No podía tener amigas de su edad, porque le gustaba espantar las mojigatas con barbaridades; en cambio, era buena para los viejos y para los enfermos, comprendía sus manías, sus egoísmos, y se reía de ellos.

Era también servicial; no le molestaba andar con un chico sucio en brazos o cuidar de una vieja enferma de la guardilla.

A veces, Andrés la encontraba más deprimida que de ordinario; entre aquellos parapetos de sillas viejas solía estar con la cabeza apoyada en la mano, riéndose de la miseria del cuarto, mirando fijamente el techo o alguno de los agujeros de la estera.

Otras veces se ponía a cantar la misma canción sin parar.

—Pero, muchacha, ¡cállate! —decía su madre—. Me tienes loca con ese estribillo.

Y Lulú callaba; pero al poco tiempo volvía con la canción. A veces iba por la casa un amigo del marido de doña Leonarda, don Prudencio González. Don Prudencio era un chulo grueso, de abdomen abultado. Gastaba levita negra, chaleco blanco, del que colgaba la cadena del reloj llena de dijes. Tenía los ojos desdeñosos, pequeños, el bigote corto y pintado y la cara roja. Hablaba con acento andaluz y tomaba posturas académicas en la conversación. El día que iba don Prudencio, doña Leonarda se multiplicaba.

—Usted, que ha conocido a mi marido —decía con voz lacrimosa—. Usted, que nos ha visto en otra posición.

Y doña Leonarda hablaba con lágrimas en los ojos de los esplendores pasados.

V.- Más de Lulú

Algunos días de fiesta, por la tarde, Andrés acompañó a Lulú y a su madre a dar un paseo por el Retiro o por el Jardín Botánico.

El Botánico le gustaba más a Lulú por ser más popular y estar cerca de su casa, y por aquel olor acre que daban los viejos mirtos de las avenidas.

—Porque es usted, le dejo que acompañe a Lulú —decía doña Leonarda con cierto retintín.

—Bueno, bueno, mamá —replicaba Lulú—. Todo eso está de más.

En el Botánico se sentaban en algún banco

y charlaban. Lulú contaba su vida y sus impresiones, sobre todo de la niñez. Los recuerdos de la infancia estaban muy grabados en su imaginación.

—¡Me da una pena pensar en cuando era chica! —decía.

—¿Por qué? ¿Vivía usted bien? —le preguntaba Hurtado.

—No, no; pero me da mucha pena.

Contaba Lulú que de niña la pegaban para que no comiera el yeso de las paredes y los periódicos.

En aquella época había tenido jaquecas, ataques de nervios; pero ya hacía mucho tiempo que no padecía ningún trastorno. Eso sí, era un poco desigual; tan pronto se sentía capaz de estar derecha una barbaridad de tiempo, como se encontraba tan cansada, que el menor esfuerzo la rendía.

Esta desigualdad orgánica se reflejaba en su manera de ser espiritual y material. Lulú era muy arbitraria; ponía sus antipatías y sus simpatías sin razón alguna.

—¡Ah! si yo fuera de su familia, eso no se lo consentiría a usted —le decía Andrés.

—¿No?

—No.

—Pues diga usted que es mi primo.

—Usted ríase —contestaba Andrés—, pero yo la metería en cintura.

—¡Ay, ay, ay, que me estoy mareando! —contestaba ella, cantando descaradamente.

Andrés Hurtado trataba a pocas mujeres; si hubiese conocido más y podido comparar, hubiera llegado a sentir estimación por Lulú.

En el fondo de su falta de ilusión y de moral, al menos de moral corriente, tenía esta muchacha una idea muy humana y noble de las cosas. A ella no le parecían mal el adulterio, ni los vicios, ni las mayores enormidades; lo que le molestaba era la doblez, la hipocresía, la mala fe. Sentía un gran deseo de lealtad. Decía que, si un hombre la pretendía, y ella viera que la quería de verdad, se iría con él, fuera rico o pobre, soltero o casado.

Tal afirmación parecía una monstruosidad, una indecencia a Niní y a doña Leonarda. Lulú no aceptaba derechos ni prácticas sociales.

—Cada cual debe hacer lo que quiera— decía.

El desenfado inicial de su vida le daba un valor para opinar muy grande.

—¿De veras se iría usted con un hombre? —le preguntaba Andrés.

—Si me quería de verdad, ¡ya lo creo! Aunque me pegara después.

—¿Sin casarse?

—Sin casarme; ¿por qué no? Si vivía dos o tres años con ilusión y con entusiasmo, pues eso no me lo quitaba nadie.

—¿Y luego?…

—Luego seguiría trabajando como ahora, o me envenenaría.

Esta tendencia al final trágico era muy frecuente en Lulú; sin duda le atraía la idea de acabar, y de acabar de una manera melodramática.

Decía que no le gustaría llegar a vieja. En su franqueza extraordinaria, hablaba con cinismo. Un día le dijo a Andrés:

—Ya ve usted: hace unos años estuve a punto de perder la honra, como decimos las

155

mujeres.

—¿Por qué? —preguntó Andrés, asombrado, al oír esta revelación.

—Porque un bestia de la vecindad quiso forzarme. Yo tenía doce años. Y gracias que llevaba pantalones y empecé a chillar; si no... estaría deshonrada —añadió con voz campanuda.

—Parece que la idea no le espanta a usted mucho.

—Para una mujer que no es guapa, como yo, y que tiene que estar siempre trabajando, como yo, la cosa no tiene gran importancia.

¿Qué había de verdad en esta manía de sinceridad y de análisis de Lulú? —se preguntaba Andrés—. ¿Era espontánea, era sentida, o había algo de ostentación para parecer original? Difícil era averiguarlo.

Algunos sábados por la noche, Julio y Andrés convidaban a Lulú, a Niní y a su madre a ir a algún teatro, y después entraban en un café.

VI.- Manolo el Chafandín

Una amiga, con la cual solía prestarse mutuos servicios Lulú, era una vieja, planchadora de la vecindad, que se llamaba Venancia. La señora Venancia tendría unos sesenta años, y trabajaba constantemente; invierno y verano estaba en su cuartucho, sin cesar de planchar un momento. La señora Venancia vivía con su hija y su yerno, un chulapo a quien llamaban Manolo el Chafandín. El tal Manolo, hombre de muchos oficios y de ninguno, no trabajaba más que rara vez, y vivía a costa de la suegra. Manolo tenía tres o cuatro hijos, y el último era una niña de pecho que solía estar con frecuencia metida en un cesto en el cuarto de la señora Venancia, a quien Lulú solía pasear en brazos por la galería.

—¿Qué va a ser esta niña? —preguntaban algunos. Y Lulú contestaba:

—Golfa, golfa —u otra palabra más dura, y añadía: Así la llevarán en coche, como a la Estrella.

La hija de la señora Venancia era una vaca

sin cencerro, holgazana, borracha, que se pasaba la vida disputando con las comadres de la vecindad. Como a Manolo, su hombre, no le gustaba trabajar toda la familia vivía a costa de la Señora Venancia, y el dinero del taller de planchado no bastaba, naturalmente, para subvenir a las necesidades de la casa. Cuando la Venancia y el yerno disputaban, la mujer de Manolo siempre salía a la defensa del marido, como si este holgazán tuviera derecho a vivir del trabajo de los demás. Lulú, que era justiciera, un día, al ver que la hija atropellaba a la madre, salió en defensa de la Venancia, y se insultó con la mujer de Manolo; la llamó tía zorra, borracha, perro y añadió que su marido era un cabronazo; la otra le dijo que ella y toda su familia eran unas cursis muertas de hambre, y gracias a que se interpusieron otras vecinas, no se tiraron de los pelos.

Aquellas palabras ocasionaron un conflicto, porque Manolo el Chafandín, que era un chulo aburrido, de estos cobardes, decidió pedir explicaciones a Lulú de sus palabras.

Doña Leonarda y Niní, al saber lo ocurrido, se escandalizaron. Doña Leonarda echó una chillería a Lulú por mezclarse con aquella gente. Doña Leonarda no tenía sensibilidad más que para las cosas que se referían a su respetabilidad social.

—Estás empeñada en ultrajarnos —dijo a Lulú medio llorando—. ¿Qué vamos a hacer, Dios mío, cuando venga ese hombre?

—Que venga —replicó Lulú—; yo le diré que es un gandul y que más le valía trabajar y no vivir de su suegra.

—¿Pero a ti qué te importa lo que hacen los demás? ¿Por qué te mezclas con esa gente?

Llegaron por la tarde Julio Aracil y Andrés y doña Leonarda les puso al corriente de lo ocurrido.

—Qué demonio; no les pasará a ustedes nada —dijo Andrés—; aquí estaremos nosotros.

Aracil, al saber lo que sucedía y la visita anunciada del Chafandín, se hubiera marchado con gusto, porque no era amigo de trifulcas; pero por no pasar por un cobarde, se quedó.

A media tarde llamaron a la puerta, y se oyó decir.

—¿Se puede?

—Adelante —dijo Andrés.

Se presentó Manolo el Chafandín, vestido de día de fiesta, muy elegante, muy empaquetado, con unsombrero ancho torero y una gran cadena de reloj de plata. En su mejilla un lunar negro y rizado trazaba tantas vueltas como el muelle de un reloj de bolsillo. Doña Leonarda y Niní temblaron al ver a Manolo. Andrés y Julio le invitaron a explicarse.

El Chafandín puso su garrota en el antebrazo izquierdo, y comenzó una retahí la larga de reflexiony consideraciones acerca de la honra y de las palabras que se dicen imprudentemente. Se veía que estaba sondeando a ver si se podía atrever a echárselas de valiente, porque aquellos señoritos lo mismo podían ser dos panolis que dos puntos bragados que le hartasen de mojicones. Lulú escuchaba nerviosa, moviendo los brazos y las piernas, dispuesta a saltar. El Chafandín comenzó a envalentonarse al ver que no le contestaban, y subió el tono de la voz.

—Porque aquí (y señaló a Lulú con el

garrote) le ha llamado a mi señora zorra, y mi señora no es una zorra; habrá otras más zorras que ella, y aquí (y volvió a señalar a Lulú) ha dicho que yo soy un cabronazo, y ¡maldita sea la!... que yo le como los hígados al que diga eso.

Al terminar su frase, el Chafandín dio un golpe con el garrote en el suelo. Viendo que el Chafandín se desmandaba, Andrés, un poco pálido, se levantó y le dijo:

—Bueno; siéntese usted.

—Estoy bien así —dijo el chulo.

—No, hombre. Siéntese usted. Está usted hablando desde hace mucho tiempo, de pie, y se va usted a cansar.

Manolo el Chafandín se sentó, algo escamado.

—Ahora, diga usted —siguió diciendo Andrés—, qué es lo que usted quiere, en resumen.

—¿En resumen?

—Sí.

—Pues yo quiero una explicación.

—Una explicación, ¿de qué?

—De las palabras que ha dicho aquí (y volvió a señalar a Lulú) contra mi señora y contra este servidor.

—Vamos, hombre, no sea usted imbécil.

—Yo no soy imbécil.

—¿Qué quiere usted que diga esta señorita?

¿Que su mujer no es una zorra, ni una borracha, ni un perro, y que usted no es un cabronazo? Bueno; Lulú, diga usted eso para que este buen hombre se vaya tranquilo.

—A mí ningún pollo neque me toma el pelo —dijo el Chafandín, levantándose.

—Yo lo que voy a hacer —dijo Andrés irritado— es darle un silletazo en la cabeza y echarles a puntapiés por las escaleras.

—¿Usted?

—Sí; yo.

Y Andrés se acercó al chulo con la silla en el aire. Doña Leonarda y sus hijas empezaron a gritar; el Chafandín se acercó rápidamente a la puerta y la abrió. Andrés se fue a él; pero el Chafandín cerró la puerta y se escapó por la galería, soltando bravatas e insultos. Andrés quería salir a calentarle las costillas para enseñarle a tratar a las personas; pero entre las mujeres y Julio le convencieron de que se quedara.

Durante toda la riña Lulú estaba vibrando, dispuesta a intervenir. Cuando Andrés se despidió, le estrechó la mano entre las suyas con más fuerza que de ordinario.

VII.- Historia de la Venancia

La escena bufa con Manolo el Chafandín hizo que en la casa de doña Leonarda se le considerara a Andrés como a un héroe. Lulú le llevó un día al taller de la Venancia. La Venancia era una de estas viejas secas, limpias, trabajadoras; se pasaba el día sin descansar un momento. Tenía una vida curiosa. De joven había estado de doncella en varias casas, hasta que murió su última señora y dejó de servir. La idea del mundo de la Venancia era un poco caprichosa.

Para ella el rico, sobre todo el aristócrata, pertenecía a una clase superior a la humana. Un aristócrata tenía derecho a todo, al vicio, a la inmoralidad, al egoísmo; estaba como por encima de la moral corriente. Una pobre como ella, voluble, egoísta o adúltera le parecía una cosa monstruosa; pero esto mismo en una señorona lo encontraba disculpable. A Andrés le asombraba una filosofía tan extraña, por la cual el que posee salud, fuerza, belleza y privilegios tiene más derecho a otras ventajas, que el que no conoce más que la enfermedad, la debilidad, lo feo y lo sucio. Aunque no se sabe la garantía científica que tenga, hay en el cielo católico, según la gente, un santo, San Pascual Bailón, que baila delante del Altísimo, y que dice siempre: Más, más, más.

Si uno tiene suerte le da más, más, más; si tiene desgracias le da también más, más, más. Esta filosofía bailonesca era la de la señora Venancia. La señora Venancia, mientras planchaba, contaba historias de sus amos. Andrés fue a oírla con gusto. La primera ama donde sirvió la Venancia era una mujer caprichosa y loca, de un humor endiablado; pegaba a los hijos, al marido, a los criados, y le gustaba enemistar a sus

amigos. Una de las maniobras que empleaba era hacer que uno se escondiera detrás de una cortina al llegar otra persona, y a ésta le incitaba para que hablase mal del que estaba escondido y le oyese. La dama obligaba a su hija mayor a vestirse de una manera pobre y ridícula, con el objeto de que nadie se fijara en ella. Llegó en su maldad hasta esconder unos cubiertos en el jardín y acusar a un criado de ladrón y hacer que lo llevaran a la cárcel.

Una vez en esta casa, la Venancia velaba a uno de los hijos de la señora que se encontraba muy grave. El niño estaba en la agonía y a eso de las diez de la noche murió. La Venancia fue llorando a avisar a su señora lo que ocurría, y se la encontró vestida para un baile.

Le dio la triste noticia, y ella dijo: Bueno, no digas nada ahora. La señora se fue al baile, y cuando volvió comenzó a llorar, haciéndose la desesperada.

—¡Qué loba! —dijo Lulú al oír la narración.

De esta casa la señora Venancia había pasado a otra de una duquesa muy guapa, muy generosa, pero de un desenfreno terrible. Aquélla tenía los amantes a pares —

dijo la Venancia—. Muchas veces iba a la iglesia de Jesús con un hábito de estameña parda, y pasaba allí horas y horas rezando, y a la salida la esperaba su amante en coche y se iba con él.

—Un día —contó la planchadora estaba la duquesa con su querido en la alcoba, yo dormía en un cuarto próximo que tenía una puerta de comunicación. De pronto oigo un estrépito de campanillazos y de golpes. Aquí está el marido —pensé—. Salté de la cama y entré por la puerta excusada en la habitación de mi señora. El duque, a quien había abierto algún criado, golpeaba furioso la puerta de la alcoba; la puerta no tenía más que un pestillo ligero, que hubiera cedido a la menor fuerza; yo la atranqué con el palo de una cortina. El amante, azorado, no sabía qué hacer; estaba en una facha muy ridícula. Yo le llevé por lapuerta excusada, le di las ropas de mi marido y le eché a la escalera. Después me vestí de prisa y fui a ver aduque, que bramaba furioso, con una pistola en la mano, dando golpes en la puerta de la alcoba. La señora, al oír mi voz, comprendió que la situación estaba salvada y abrió la puerta. El duque miró por todos los rincones, mientras ella le contemplaba tan tranquila.

Al día siguiente, la señora me besó y me abrazó, y me dijo que se arrepentía de todo corazón, que en adelante iba a hacer una vida recatada; pero a los quince días ya tenía otro amante. La Venancia conocía toda la vida íntima del mundo aristocrático de su época; los sarpullidos de los brazos y el furor erótico de Isabel II; la impotencia de su marido; los vicios, lasenfermedades, las costumbres de los aristócratas las sabía por detalles vistos por sus ojos. A Lulú le interesaban estas historias.

Andrés afirmaba que toda aquella gente era una sucia morralla, indigna de simpatía y de piedad; pero la señora Venancia, con su extraña filosofía, no aceptaba esta opinión; por el contrario, decía que todos eran muy buenos, muy caritativos, que hacían grandes limosnas y remediaban muchas miserias. Algunas veces Andrés trató de convencer a la planchadora de que el dinero de la gente rica procedía del trabajo y del sudor de pobres miserables que labraban el campo, en las dehesas y en los cortijos.

Andrés afirmaba que tal estado de injusticia

podía cambiar; pero esto para la señora Venancia era una fantasía.

—Así hemos encontrado el mundo y así lo dejaremos —decía la vieja, convencida de que su argumento no tenía réplica.

VIII.- Otros tipos de la casa

Una de las cosas características de Lulú era que tenía reconcentrada su atención en la vecindad y en el barrio de tal modo, que lo ocurrido en otros puntos de Madrid para ella no ofrecía el menor interés. Mientras trabajaba en su bastidor llevaba el alza y la baja de lo que pasaba entre los vecinos. La casa donde vivían, aunque a primera vista no parecía muy grande, tenía mucho fondo y habitaban en ella gran número de familias. Sobre todo, la población de las guardillas era numerosa y pintoresca. Pasaban por ella una porción de tipos extraños del hampa y la pobretería madrileña. Una inquilina de las guardillas, que daba siempre que hacer, era la tía Negra, una verdulera ya vieja. La pobre mujer se emborrachaba y padecía un delirio alcohólico político, que consistía en vitorear a la República y en insultar a las autoridades, a los ministros y a los ricos. Los agentes de seguridad la tenían por blasfema, y la llevaban de cuando en cuando a la sombra a pasar una quincena; pero al salir volvía a las andadas. La tía Negra, cuando estaba cuerda y sin alcohol, quería que la dijeran la señora Nieves, pues así se llamaba. Otra vieja rara de la vecindad era la señora Benjamina, a quien daban el mote de Doña Pitusa. Doña Pitusa era una viejezuela pequeña, de nariz corva, ojos muy vivos y boca de sumidero. Solía ir a pedir limosna a la iglesia de Jesús y a la de Montserrat; decía a todas horas que había tenido muchas desgracias de familia y pérdidas de fortuna; quizá pensaba que esto justificaba su afición al aguardiente. La señora Benjamina recorría medio Madrid pidiendo con distintos pretextos, enviando cartas lacrimosas. Muchas veces, al anochecer, se ponía en una bocacalle con el velo negro echado sobre la cara; y sorprendía al transeúnte con una narración trágica, expresada en tonos teatrales; decía que era viuda de un general; que acababa de morírsele un hijo deveinte años, el único sostén de su vida; que no tenía para amortajarle ni encender un cirio con que alumbrar su cadáver.

El transeúnte, a veces se estremecía, a veces replicaba que debía tener muchos hijos de veinte años, cuando con tanta frecuencia se le moría uno. El hijo verdadero de la Benjamina tenía más de veinte años; se llamaba el Chuleta, y estaba empleado en una funeraria. Era chato, muy delgado, algo giboso, de aspecto enfermizo, con unos pelos azafranados en la barba y ojos de besugo. Decían en la vecindad que él inspiraba las historias melodramáticas de su madre. El Chuleta era un tipo fúnebre; debía ser verdaderamente desagradable verle en la tienda en medio de sus ataúdes.

El Chuleta era muy vengativo y rencoroso, no se olvidaba de nada; a Manolo el Chafandín le guardaba un odio insaciable. El Chuleta tenía muchos hijos, todos con el mismo aspecto de abatimiento y de estupidez trágica del padre y todos tan mal intencionados y tan rencorosos como él. Había también en las guardillas una casa de huéspedes de una gallega bizca, tan ancha de arriba como de abajo. Esta gallega, la Paca, tenía de pupilos, entre otros, un mozo de la clase de disección de San Carlos, tuerto, a quien conocían Aracil y Hurtado; un enfermero del hospital General y un cesante, a quien llamaban don Cleto. Don Cleto Meana era el filósofo de la casa, era un hombre bien educado y culto, que había caído en la miseria. Vivía de algunas caridades que le hacían los amigos. Era un viejecito bajito y flaco, muy limpio, muy arreglado, de barba gris recortada; llevaba el traje raído, pero sin manchas, y el cuello de la camisa era impecable.

Él mismo se cortaba el pelo, se lavaba la ropa, se pintaba las botas con tinta cuando tenían alguna hendidura blanca, y se cortaba los flecos de los pantalones. La Venancia solía plancharle los cuellos de balde. Don Cleto era un estoico.

—Yo, con un panecillo al día y unos cuantos cigarros vivo bien como un príncipe

—decía el pobre.

Don Cleto paseaba por el Retiro y Recoletos; se sentaba en los bancos, entablaba conversación con la gente; si no le veía nadie, cogía algunas colillas y las guardaba, porque, como era un caballero, no le gustaba que le sorprendieran en ciertos trabajos menesteres. Don Cleto disfrutaba con los espectáculos de la calle; la llegada de un príncipe extranjero, el entierro de un político constituía para él grandes acontecimientos.

Lulú, cuando le encontraba en la escalera, le decía:

—¿Ya se va usted, don Cleto?

—Sí; voy a dar una vueltecita.

—De pira ¿eh? Es usted un pirantón, don Cleto.

—Ja, ja, ja —reía él—. ¡Qué chicas éstas! ¡Qué cosas dicen! Otro tipo de la casa muy conocido era el Maestrín, un manchego muy pedante y sabihondo, droguero, curandero y sanguijuelero. El Maestrín tenía un tenducho en la calle del Fúcar, y allí solía estar con frecuencia con la Silveria, su hija, una buena moza, muy guapa, a quien Victorio, el sobrino del prestamista, iba poniendo los puntos.

El Maestrín, muy celoso en cuestiones de

honor, estaba dispuesto, al menos así lo decía él, a pegarle una puñalada al que intentara deshonrarle.

Toda esta gente de la casa pagaba su contribución en dinero o en especie al tío de Victorio, el prestamista de la calle de Atocha, llamado don Martín, y a quien por mal nombre se le conocía por el tío Miserias.El tío Miserias, el personaje más importante del barrio, vivía en una casa suya de la calle de la Verónica, una casa pequeña, de un piso solo, como de pueblo, con dos balcones llenos de tiestos y una reja en el piso bajo. El tío Miserias era un viejo encorvado, afeitado y ceñudo. Llevaba un trapo cuadrado, negro, en un ojo, lo que hacía su cara más sombría.

Vestía siempre de luto; en invierno usaba zapatillas de orillo y una capa larga, que le colgaba de los hombros como de un perchero. Don Martín, el humano, como le llamaba Andrés, salía muy temprano de su casa y estaba en la trastienda de su establecimiento, siempre de vigilancia. En los días fríos se pasaba la vida delante de un brasero, respirando continuamente un aire cargado de óxido de carbono. Al anochecer se retiraba a su casa, echaba una mirada a sus tiestos y cerraba los balcones. Don Martín tenía, además de la tienda de la calle de Atocha, otra de menos categoría en la del Tribulete. En esta última su negocio principal era tomar en empeño sábanas y colchones a la gente pobre. Don Martín no quería ver a nadie. Consideraba que la sociedad le debía atenciones que le negaba.

Un dependiente, un buen muchacho al parecer, en quien tenía colocada su confianza, le jugó una mala pasada. Un día el dependiente cogió un hacha que

tenían en la casa de préstamos para hacer astillas con que encender el brasero, y abalanzándose sobre don Martín, empezó a golpes con él, y por poco no le abre la cabeza. Después el muchacho, dando por muerto a don Martín, cogió los cuartos del mostrador y se fue a una casa de trato de la calle de San José, y allí le prendieron. Don Martín quedó indignado cuando vio que el tribunal, aceptando una serie de circunstancias atenuantes, no condenó al muchacho más que a unos meses de cárcel.

—Es un escándalo —decía el usurero

pensativo—. Aquí no se protege a las personas honradas.

No hay benevolencia más que para los criminales.

Don Martín era tremendo; no perdonaba a nadie; a un burrero de la vecindad, porque no le pagaba unos réditos, le embargó las burras de leche, y por más que el burrero decía que si no le dejaba las burras sería más difícil que le pagara, don Martín no accedió. Hubiera sido capaz de comerse las burras por aprovecharlas. Victorio, el sobrino del prestamista, prometía ser un gerifalte como el tío, aunque de otra escuela. El tal Victorio era un Don Juan de casa de préstamos. Muy elegante, muy chulo, con los bigotes retorcidos, los dedos llenos de alhajas y la sonrisa de hombre satisfecho, hacía estragos en los corazones femeninos. Este joven explotaba al prestamista. El dinero que el tío Miserias había arrancado a los desdichados vecinos pasaba a Victorio, que se lo gastaba con rumbo. A pesar de esto, no se perdía, al revés, llevaba camino de enriquecerse y de acrecentar su fortuna. Victorio era dueño de una chirlata de la calle del Olivar, donde se jugaba a juegos prohibidos, y de una taberna de la calle del León. La taberna le daba a Victorio grandes ganancias, porque tenía una tertulia muy productiva. Varios puntos entendidos con la casa iniciaban una partida de juego, y cuando había dinero en la mesa, alguno gritaba:

—¡Señores, la policía! Y unas cuantas manos solícitas cogían las monedas, mientras que los agentes de policía conchabados entraban en el cuarto.

A pesar de su condición de explotador y de conquistador de muchachas, la gente del barrio no le odiaba a Victorio. A todos les parecía muy natural y lógico lo que hacía.

IX.- La crueldad universal

Tenía Andrés un gran deseo de comentar filosóficamente las vidas de los vecinos de la casa de Lulú.

A sus amigos no le interesaban estos comentarios y filosofías, y decidió, una mañana de un día de fiesta, ir a ver a su tío Iturrioz. Al principio de conocerle —Andrés no le trató a su tío hasta los catorce o quince años— Iturrioz le pareció un hombre seco y egoísta, que lo tomaba todo con indiferencia; luego, sin saber a punto fijo hasta dónde llegaba su egoísmo y su sequedad, encontró que era una de las pocas personas con quien se podía conversar acerca de puntos trascendentales. Iturrioz vivía en un quinto piso del barrio de Argüelles, en una casa con una hermosa azotea. Le asistía un criado, antiguo soldado de la época en que Iturrioz fue médico militar.

Entre amo y criado habían arreglado la azotea, pintado las tejas con alquitrán, sin duda para hacerlas impermeables y puesto unas graderías donde estaban escalonadas las cajas de madera y los cubos llenos de tierra donde tenían sus plantas. Aquella mañana en que se presentó Andrés en casa de Iturrioz, su tío se estaba bañando y el criado le llevó a la azotea. Se veía desde allí el Guadarrama entre dos casas altas; hacia el Oeste, el tejado del cuartel de la Montaña ocultaba los cerros de la Casa de Campo, y a un lado del cuartel se destacaba la torre de Móstoles y la carretera de Extremadura, con unos molinos de viento en sus inmediaciones. Más al Sur brillaban, al sol de una mañana de abril, las manchas verdes de los cementerios de San Isidro y San Justo, las dos torres de Getafe y la ermita del Cerrillo de los Ángeles.

Poco después salía Iturrioz a la azotea.

—¿Qué, te pasa algo? —le dijo a su sobrino al verle.

—Nada; venía a charlar un rato con usted.

—Muy bien, siéntate; yo voy a regar mis tiestos.

Iturrioz abrió la fuente que tenía en un ángulo de la terraza, llenó de agua una cuba y comenzó con un cacharro a echar agua en las plantas. Andrés habló de la gente de la vecindad de Lulú, de las escenas del hospital; como casos extraños, dignos de un comentario; de Manolo el Chafandín, del tío Miserias, de don Cleto, de Doña Virginia...

—¿Qué consecuencia puede sacarse de todas estas vidas? —preguntó Andrés al final.

—Para mí la consecuencia es fácil —contestó Iturrioz con el bote de agua en la mano—. Que la vida es una lucha constante, una cacería cruel en que nos vamos devorando los unos a los otros.

Plantas, microbios, animales.

—Sí, yo también he pensado en eso —repuso Andrés— pero voy abandonando la idea. Primeramente, el concepto de la lucha por la vida llevada así a los animales, a las plantas y hasta los minerales, como se hace muchas veces, no es más que un concepto antropomórfico, después, ¿qué lucha por la vida es la de ese hombre don Cleto, que se abstiene de combatir, o la de ese hermano Juan, que da su dinero a los enfermos?

—Te contestaré por partes —repuso Iturrioz dejando el bote para regar, porque estas discusiones le apasionaban

—. Tú me dices, este concepto de lucha es un concepto antropomórfico. Claro, llamamos a todos los conflictos lucha, porque es la idea humana que más se aproxima a esa relación que para nosotros produce un vencedor y un vencido. Si no tuviéramos este concepto en el fondo, no hablaríamos de lucha. La hiena que monda los huesos de un cadáver, la araña que sorbe una mosca no hace más ni menos que el árbol bondadoso llevándose de la tierra el agua y las sales necesarias para su vida.

El espectador indiferente, como yo, ve a la hiena, a la araña y al árbol, y se los explica. El hombre justiciero le pega un tiro a la hiena, aplasta con la bota a la araña y se sienta a la sombra del árbol, y cree que hace bien.

—Entonces ¿para usted no hay lucha, ni hay justicia?

—En un sentido absoluto, no; en un sentido relativo, sí. Todo lo que vive tiene un proceso para apoderarse primero del espacio, ocupar un lugar, luego para crecer y multiplicarse; este proceso de la energía de un vivo contra los obstáculos del medio es lo que llamamos lucha. Respecto de la justicia, yo creo que lo justo en el fondo es lo que nos conviene. Supón en el ejemplo de antes que la hiena en vez de ser muerta por el hombre mata al hombre, que el árbol cae sobre él y le aplasta, que la araña le hace una picadura venenosa; pues nada de eso nos parece justo, porque no nos conviene. A pesar de que en el fondo no haya más que esto, un interés utilitario

¿quién duda que la idea de justicia y de

equidad es una tendencia que existe en nosotros? ¿Pero cómo la vamos a realizar?

—Eso es lo que yo me pregunto ¿cómo realizarla?

—¿Hay que indignarse porque una araña mate a una mosca? —siguió diciendo Iturrioz

—. Bueno. Indignémonos. ¿Qué vamos a hacer? ¿Matarla? Matémosla. Eso no impedirá que sigan las arañas comiéndose a las moscas. ¿Vamos a quitarle al hombre esos instintos fieros que te repugnan? ¿Vamos a borrar esa tendencia del poeta latino:

"Homo, homini lupus", ¿el hombre es un lobo para el hombre? Está bien. En cuatro o cinco mil años lo podremos conseguir. El hombre ha hecho de un carnívoro como el chacal un omnívoro como el perro; pero se necesitan muchos siglos para eso.

No sé si habrás leído que Spallanzani había acostumbrado a una paloma a comer carne, y a un águila a comer y digerir el pan. Ahí tienes el caso de esos grandes apóstoles religiosos y laicos; son águilas que se alimentan de pan en vez de alimentarse de carnes palpitantes, son lobos vegetarianos. Ahí tienes el caso del hermano Juan…

—Ése no creo que sea un águila, ni un lobo.

—Será un mochuelo o una garduña; pero de instintos perturbados.

—Sí, es muy posible —repuso Andrés—; pero creo que nos hemos desviado de la cuestión; no veo la consecuencia.

—La consecuencia, a la que yo iba era ésta, que ante la vida no hay más que dos soluciones prácticas para el hombre sereno, o la abstención y la contemplación indiferente de todo, o la acción limitándose a un círculo pequeño. Es decir, que se puede tener el quijotismo contra una anomalía; pero tenerlo contra una regla general, es absurdo.

—De manera que, según usted, el que quiere hacer algo tiene que restringir su acción justiciera a un medio pequeño.

—Claro, a un medio pequeño; tú puedes abarcar en tu contemplación la casa, el pueblo, el país, la sociedad, el mundo, todo lo vivo y todo lo muerto; pero si intentas realizar una acción, y una acción justiciera, tendrás que restringirte hasta el punto de que todo te vendrá ancho, quizá hasta la misma onciencia.

—Es lo que tiene de bueno la filosofía —dijo Andrés con amargura—; le convence a uno de que lo mejor es no hacer nada.

Iturrioz dio unas cuantas vueltas por la azotea y luego dijo:

—Es la única objeción que me puedes hacer; pero no es mía la culpa.

—Ya lo sé.

—Ir a un sentido de justicia universal —prosiguió Iturrioz— es perderse; adaptando el principio de Fritz

Müller de que la embriología de un animal reproduce su genealogía, o como dice Haeckel, que la ontogenia es una recapitulación de la filogenia, se puede decir que la psicología humana no es más que una síntesis de la psicología animal. Así se encuentran en el hombre todas las formas de la explotación y de la lucha: la del microbio, la del insecto, la de la fiera... ¡Ese usurero que tú me has descrito, el tío Miserias!, ¡qué de avatares no tiene en la zoología!

Ahí están los acinétidos chupadores que

absorben la substancia protoplasmática de otros infusorios; ahí están todas las especies de aspergilos que viven sobre las substancias en descomposición. Estas antipatías de gente maleante, ¿no están admirablemente representadas en ese antagonismo irreductible del bacilo del pus azul con la bacteridia carbuncosa?

—Sí, es posible —murmuró Andrés.

—Y entre los insectos, ¡qué de tíos Miserias!, ¡qué de Victorios!, ¡qué de

¡Manolos los Chafandines, no hay! Ahí tienes el "ichneumon", que mete sus huevos en una lombriz y la inyecta una substancia que obra como el cloroformo; el "sphex", que coge las arañas pequeñas, las agarrota, las sujeta y envuelve en la tela y las echa vivas en las celdas de sus larvas para que las vayan devorando; ahí están las avispas, que hacen lo mismo arrojando al "spoliarium" que sirve de despensa para sus crías, los pequeños insectos paralizados por un lancetazo que les dan conel aguijón en los ganglios motores; ahí está el "estafilino" que se lanza a traición sobre otro individuo de su especie, le sujeta, le hiere y le absorbe los jugos; ahí está el "meloe", que penetra subrepticiamente en los panales de las abejas, se introduce en el alvéolo en donde la reina pone su larva, se atraca de miel y luego se come a la larva; ahí está...

—Sí, sí, no siga usted más; la vida es una cacería horrible.

—La naturaleza es lo que tiene; cuando trata de reventar a uno, lo revienta a conciencia. La justicia es una ilusión humana; en el fondo todo es destruir, todo es crear.

Cazar, guerrear, digerir, respirar, son formas de creación y de destrucción al mismo tiempo.

—Y entonces, ¿qué hacer? —murmuró Andrés—. ¿Ir a la inconsciencia?

¿Digerir, guerrear, cazar, con la serenidad de un salvaje?

—¿Crees tú en la serenidad del salvaje? —preguntó Iturrioz

—. ¡Qué ilusión! Eso también es una invención nuestra. El salvaje nunca ha ido sereno.

—¿Es que no habrá plan ninguno para vivir con cierto decoro? —preguntó Andrés.

—El que lo tiene es porque ha inventado uno para su uso. Yo hoy creo que todo lo natural, que todo lo espontáneo es malo; que sólo lo artificial, lo creado por el hombre, es bueno. Si pudiera viviría en un club de Londres, no iría nunca al campo sino a un parque, bebería agua filtrada y respiraría aire esterilizado…

Andrés ya no quiso atender a Iturrioz, que comenzaba a fantasear por entretenimiento. Se levantó y se apoyó en el barandado de la azotea. Sobre los tejados de la vecindad revoloteaban unas palomas; en un canalón grande corrían y jugueteaban unos gatos. Separados por una tapia alta había enfrente dos jardines; uno era de un colegio de niñas, el otro de un convento de frailes. El jardín del convento se hallaba rodeado por árboles frondosos; el del colegio no tenía más que algunos macizos con hierbas y flores, y era una cosa extraña que daba cierta impresión de algo alegórico, ver al mismo tiempo jugar a las niñas corriendo y gritando, y a los frailes que pasaban silenciosos en filas de cinco o seis dando la vuelta al patio.

—Vida es lo uno y vida es lo otro —dijo Iturrioz filosóficamente comenzando a regar sus plantas.

Andrés se fue a la calle.

¿Qué hacer? ¿Qué dirección dar a la vida? —se preguntaba con angustia. Y la gente, las cosas, el sol, le parecían sin realidad ante el problema planteado en su cerebro.

Tercera parte: Tristezas y dolores

I.- Día de Navidad

Un día, ya en el último año de la carrera, antes de las Navidades, al volver Andrés del hospital, le dijo Margarita que Luisito escupía sangre. Al oírlo Andrés quedó frío como muerto. Fue a ver al niño, apenas tenía fiebre, no le dolía el costado, respiraba con facilidad; sólo un ligero tinte de rosa coloreaba una mejilla, mientras la otra estaba pálida. No se trataba de una enfermedad

187

aguda. La idea de que el niño estuviera tuberculoso le hizo temblar a Andrés. Luisito, con la inconsciencia de la infancia, se dejaba reconocer y sonreía.

Andrés recogió un pañuelo manchado con sangre y lo llevó a que lo analizasen al laboratorio. Pidió al médico de su sala que recomendara el análisis. Durante aquellos días vivió en una zozobra constante; el dictamen del laboratorio fue tranquilizador; no se había podido encontrar el bacilo de Koch en la sangre del pañuelo; sin embargo, esto no le dejó a Hurtado completamente satisfecho. El médico de la sala, a instancias de Andrés, fue a casa a reconocer al enfermito. Encontró a la percusión cierta opacidad en el vértice del pulmón derecho. Aquello podía no ser nada; pero unido a la ligera hemoptisis, indicaba con muchas probabilidades una tuberculosis incipiente.

El profesor y Andrés discutieron el tratamiento. Como el niño era linfático, algo propenso a catarros, consideraron conveniente llevarlo a un país templado, a orillas del Mediterráneo a ser posible; allí le podrían someter a una alimentación intensa, darle baños de sol, hacerle vivir al aire libre y dentro de la casa en una atmósfera creosotada, rodearle de toda clase de condiciones para que pudiera fortificarse y salir de la infancia. La familia no comprendía la gravedad, y Andrés tuvo que insistir para convencerles de que el estado del niño era peligroso. El padre, don Pedro, tenía unos primos en Valencia, y estos primos, solterones, poseían varias casas en pueblos próximos a la capital. Se les escribió y contestaron rápidamente; todas las casas suyas estaban alquiladas menos una de un pueblecito inmediato a Valencia.

Andrés decidió ir a verla. Margarita le advirtió que no había dinero en casa; no se había cobrado aún la paga de Navidad.

—Pediré dinero en el hospital e iré en tercera —dijo Andrés.

—¡Con este frío! ¡Y el día de Nochebuena!

—No importa.

—Bueno, vete a casa de los tíos —le advirtió Margarita.

—No, ¿para qué? —contestó él

—. Yo veo la casa del pueblo, y si me

189

parece bien os mando un telegrama diciendo: Contestadles que sí.

—Pero eso es una grosería. Si se enteran…

—¡Qué se van a enterar! Además, yo no quiero andar con ceremonias y con tonterías; bajo en Valencia, voy al pueblo, os mando el telegrama y me vuelvo en seguida.

No hubo manera de convencerle. Después de cenar tomó un coche y se fue a la estación. Entró en un vagón de tercera. La noche de diciembre estaba fría, cruel. El vaho se congelaba en los cristales de las ventanillas y el viento helado se metía por entre las rendijas de la portezuela.

Andrés se embozó en la capa hasta los ojos, se subió el cuello y se metió las manos en los bolsillos del pantalón. Aquella idea de la enfermedad de Luisito le turbaba. La tuberculosis era una de esas enfermedades que le producía un terror espantoso; constituía una obsesión para él. Meses antes se había dicho que Roberto Koch había inventado un remedio eficaz para la tuberculosis: la tuberculina. Un profesor de San Carlos fue a Alemania y trajo la tuberculina. Se hizo el ensayo con dos enfermos a quienes se les inyectó el nuevo remedio. La reacción febril que les produjo hizo concebir al principio algunas esperanzas; pero luego se vio que no sólo no mejoraban, sino que su muerte se aceleraba. Si el chico estaba realmente tuberculoso, no había salvación. Con aquellos pensamientos desagradables marchaba Andrés en el vagón de tercera, medio adormecido. Al amanecer se despertó, con las manos y los pies helados. El tren marchaba por la llanura castellana y el alba apuntaba en el horizonte. En el vagón no iba más que un aldeano fuerte, de aspecto enérgico y duro de manchego.

Este aldeano le dijo:

—¿Qué, tiene usted frío, buen amigo?

—Sí, un poco.

—Tome usted mi manta.

—¿Y usted?

—Yo no la necesito. Ustedes los señoritos son muy delicados.

A pesar de las palabras rudas, Andrés le agradeció el obsequio en el fondo del corazón. Aclaraba el cielo, una franja roja bordeaba el campo. Empezaba a cambiar el paisaje, y el suelo, antes llano, mostraba colinas y árboles que iban pasando por delante de la ventanilla del tren. Pasada la Mancha, fría y yerma, comenzó a templar el aire. Cerca de Játiva salió el sol, un sol amarillo, que se derramaba por el campo entibiando el ambiente. La tierra presentaba ya un aspecto distinto. Apareció Alcira con los naranjos llenos de fruta, con el río Júcar profundo, de lenta corriente. El sol iba elevándose en el cielo; comenzaba a hacer calor; al pasar de la meseta castellana a la zona mediterránea la naturaleza y la gente eran otras. En las estaciones los hombres y las mujeres, vestidos con trajes claros, hablaban a gritos, gesticulaban, corrían.

—Eh, tú, "ché" —se oía decir.

Ya se veían llanuras con arrozales y naranjos, barracas blancas con el techado negro, alguna palmera que pasaba en la rapidez de la marcha como tocando el cielo. Se vio espejear la Albufera, unas estaciones antes de llegar a Valencia, y poco después Andrés apareció en el raso de la plaza de San Francisco, delante de un solar grande.

Andrés se acercó a un tartanero, le preguntó

cuánto le cobraría por llevarle al pueblecito, y después de discusiones y de regateos quedaron de acuerdo en un duro por ir, esperar media hora y volver a la estación. Subió Andrés y la tartana cruzó varias calles de Valencia y tomó por una carretera. El carrito tenía por detrás una lona blanca y al agitarse ésta por el viento se veía el camino lleno de claridad y de polvo; la luz cegaba. En una media hora la tartana embocaba la primera calle del pueblo, que aparecía con su torre y su cúpula brillante. A Andrés le pareció la disposición de la aldea buena para lo que él deseaba; el campo de los alrededores no era de huerta, sino de tierras de secano medio montañosas.

A la entrada del pueblo, a mano izquierda, se veía un castillejo y varios grupos de enormes girasoles. Tomó la tartana por la calle larga y ancha, continuación de la carretera, hasta detenerse cerca de una explanada levantada sobre el nivel de la calle.

El carrito se detuvo frente a una casa baja encalada, con su puerta azul muy grande y tres ventanas muy chicas. Bajó Andrés; un cartel pegado en la puerta indicaba que la llave la tenían en la casa de al lado. Se asomó al portal próximo y una vieja con la tez curtida y negra por el sol le dio la llave, un pedazo de hierro que parecía un arma de combate prehistórica. Abrió Andrés el postigo, que chirrió agriamente sobre sus goznes, y entró en un espacioso vestíbulo con una puerta en arco que daba hacia el jardín.

La casa apenas tenía fondo; por el arco del vestíbulo se salía a una galería ancha y hermosa con un emparrado y una verja de madera pintada de verde. De la galería, extendida paralelamente a la carretera, se bajaba por cuatro escalones al huerto rodeado por un camino que bordeaba sus tapias. Este huerto, con varios árboles frutales desnudos de hojas, se hallaba cruzado por dos avenidas que formaban una plazoleta central y lo dividían en cuatro parcelas iguales. Los hierbajos y jaramagos espesos cubrían la tierra y borraban los caminos. Enfrente del arco del vestíbulo había un cenador formado por palos, sobre el cual se sostenían las ramas de un rosal silvestre, cuyo follaje adornado por florecitas blancas era tan tupido que no dejaba pasar la luz del sol. A la entrada de aquella pequeña glorieta, sobre pedestales de ladrillo había dos estatuas de yeso, Flora y Pomona. Andréspenetró en el cenador. En la pared del fondo se veía un cuadro de azulejos blancos y azules con figuras que representaban a Santo Tomás de Villanueva vestido de obispo, con su báculo en la mano y un negro y una negra arrodillados junto a él.

Luego Hurtado recorrió la casa; era lo que él deseaba; hizo un plano de las habitaciones y del jardín y estuvo un momento descansando, sentado en la escalera. Hacía tanto tiempo que no había visto árboles, vegetación, que aquel huertecito abandonado, lleno de hierbajos le pareció un paraíso. Este día de Navidad tan espléndido, tan luminoso, le llenó de paz y de melancolía. Del pueblo, del campo, de la atmósfera transparente llegaba el silencio, sólo interrumpido por el cacareo lejano de los gatos; los moscones y las avispas brillaba al sol.

¡Con qué gusto se hubiera tendido en la tierra a mirar horas y horas aquel cielo tan azul, tan puro! Unos momentos después, una campana de son agudo comenzó a tocar.

Andrés entregó la llave en la casa próxima, despertó al tartanero medio dormido en su tartana, y emprendió la vuelta. En la estación de Valencia mandó un telegrama a su familia, compró algo de comer y unas horas más tarde volvía para Madrid, embozado en su capa, rendido, en otro coche de tercera.

II.- Vida infantil

Al llegar a Madrid, Andrés le dio a su hermana Margarita instrucciones de cómo debían instalarse en la casa. Unas semanas después tomaron el tren, don Pedro, Margarita y Luisito. Andrés y sus otros dos hermanos se quedaron en Madrid. Andrés tenía que repasar las asignaturas de la Licenciatura.

Para librarse de la obsesión de la enfermedad del niño se puso a estudiar como nunca lo había hecho.

Algunas veces iba a visitar a Lulú y le comunicaba sus temores.

—Si ese chico se pusiera bien —

murmuraba.

—¿Le quiere usted mucho? —preguntó Lulú.

—Sí, como si fuera mi hijo.

Era yo ya grande cuando nació él, figúrese usted.

Por junio, Andrés se examinó del curso y de la Licenciatura, y salió bien.

—¿Qué va usted a hacer? —le dijo Lulú.

—No sé; por ahora veré si se pone bien esa criatura, después ya pensaré.

El viaje fue para Andrés distinto, y más agradable que en diciembre; tenía dinero, y tomó un billete de primera. En la estación de Valencia le esperaba el padre.

—¿Qué tal el chico? —le preguntó Andrés.

—Está mejor.

Dieron al mozo el talón del equipaje, y tomaron una tartana, que los llevó rápidamente al pueblo.

Al ruido de la tartana salieron a la puerta Margarita, Luisito y una criada vieja. El chico estaba bien; alguna que otra vez tenía una ligera fiebre, pero se veía que mejoraba.

La que había cambiado casi por completo era Margarita; el aire y el sol le habían dado un aspecto de salud que la embellecía. Andrés vio el huerto, los perales, los albaricoqueros y los granados llenos de hojas y de flores. La primera noche Andrés no pudo dormir bien en la casa por el olor a raíz desprendido de la tierra. Al día siguiente Andrés, ayudado por Luisito, comenzó a arrancar y a quemar todos los hierbajos del patio. Luego plantaron entre los dos melones, calabazas, ajos, fuera o no fuera tiempo. De todas sus plantaciones lo único que nació fueron los ajos. Éstos, unidos a los geranios y a los dompedros, daban un poco de verdura; lo demás moría por el calor del sol y la falta de agua. Andrés se pasaba horas y horas sacando cubos del pozo. Era imposible tener un trozo de jardín verde. En seguida de regar, la tierra se secaba, y las plantas se doblaban tristemente sobre su tallo. En cambio, todo lo que estaba plantado anteriormente, las pasionarias, las hiedras y las enredaderas, a pesar de la sequedad del suelo, se extendían y daban hermosas flores; los racimos de la parra se coloreaban, los granados se llenaban de flor roja y las naranjas iban engordando en el arbusto. Luisito llevaba una vida higiénica, dormía con la ventana abierta, en un cuarto que Andrés por las noches regaba con creosota. Por la mañana, al levantarse de la cama, tomaba una ducha fría en el cenador de Flora y Pomona.

Al principio no le gustaba, pero luego se acostumbró.

Andrés había colgado del techo del cenador una regadera enorme, y en el asa ató una cuerda que pasaba por una polea y terminaba en una piedra sostenida en un banco. Dejando caer la piedra, la regadera se inclinaba y echaba una lluvia de agua fría. Por la mañana, Andrés y Luis iban a un pinar próximo al pueblo, y estaban allí muchas veces hasta el mediodía; después del paseo comían y se echaban a dormir. Por la tarde tenían también sus entretenimientos: perseguir a las lagartijas y salamandras, subir al peral, regar las plantas.

El tejado estaba casi levantado por los panales de las avispas; decidieron declarar la guerra a estos temibles enemigos y quitarles los panales. Fue una serie de escaramuzas que emocionaron a Luisito y le dieron motivo para muchas charlas y comparaciones. Por la tarde, cuando ya se ponía el sol, Andrés proseguía su lucha contra la sequedad, sacando agua del pozo, que era muy profundo.

En medio de este calor sofocante, las abejas rezongaban, las avispas iban a beber el agua del riego y las mariposas revoloteaban de flor en flor. A veces aparecían manchas de hormigas con alas en la tierra o costras de pulgones en las plantas.

Luisito tenía más tendencia a leer y a hablar que a jugar violentamente. Esta inteligencia precoz le daba que pensar a Andrés. No le dejaba que hojeara ningún libro, y le enviaba a que se reuniera con los chicos de la calle. Andrés, mientras tanto, sentado en el umbral de la puerta, con un libro en la mano, veía pasar los carros por la calle cubierta de una espesa capa de polvo. Los carreteros, tostados por el sol, con las caras brillantes por el sudor, cantaban tendidos sobre pellejos de aceite o de vino, y las mulas marchaban en fila medio dormidas.

Al anochecer pasaban unas muchachas, que

trabajaban en una fábrica, y saludaban a Andrés con un adiós un poco seco, sin mirarle a la cara.

Entre estas chicas había una que llamaban la Clavariesa, muy guapa, muy perfilada, solía ir con un pañuelo de seda en la mano agitándolo en el aire, y vestía con colores un poco chillones, pero que hacían muy bien en aquel ambiente claro y luminoso. Luisito, negro por el sol, hablando ya con el mismo acento valenciano que los demás chicos, jugaba en la carretera. No se hacía completamente montaraz y salvaje como hubiera deseado Andrés, pero estaba sano y fuerte. Hablaba mucho. Siempre andaba contando cuentos, que demostraban su imaginación excitada.

—¿De dónde saca este chico esas cosas que cuenta? —preguntaba Andrés a Margarita.

—No sé; las inventa él.

Luisito tenía un gato viejo que le seguía, y que decía que era un brujo. El chico caricaturizaba a la gente que iba a la casa. Una vieja de Borbotó, un pueblo de al lado, era de las que mejor imitaba. Esta vieja vendía huevos y verduras, y decía: "¡Ous, figues!" Otro hombre reluciente y gordo, con un pañuelo en la cabeza, que a cada momento decía: ¿"Sap"? era también de los modelos de Luisito.

Entre los chicos de la calle había algunos que le preocupaban mucho. Uno de ellos era el Roch, el hijo del saludador, que vivía en un barrio de cuevas próximo. El Roch era un chiquillo audaz, pequeño, rubio

desmedrado, sin dientes, con los ojos legañosos. Contaba cómo su padre hacía sus misteriosas curas, lo mismo en las personas que en los caballos, y hablaba de cómo había averiguado su poder curativo. El Roch sabía muchos procedimientos y brujerías para curar las insolaciones y conjurar los males de ojo que había oído en su casa. El Roch ayudaba a vivir a la familia, andaba siempre correteando con una cesta al brazo.

—Ves estos caracoles —le decía a Luisito—, pues con estos caracoles y un poco de arroz comeremos todos en casa.

—¿Dónde los has cogido? —le preguntaba Luisito.

—En un sitio que yo sé —contestaba el

Roch, que no quería comunicar sus secretos.

También en las cuevas vivían otros dos merodeadores, de unos catorce a quince años, amigos de Luisito: el Choriset y el Chitano.

El Choriset era un troglodita, con el espíritu de un hombre primitivo. Su cabeza, su tipo, su expresión eran de un bereber.

Andrés solía hacerle preguntas acerca de su vida y de sus ideas.

—Yo por un real mataría a un hombre — solía decir el Choriset, mostrando sus dientes blancos y brillantes.

—Pero te cogerían y te llevarían a presidio.

—¡Ca! Me metería en una cueva que hay cerca de la mía, y me estaría allá.

—¿Y comer? ¿Cómo ibas a comer?

—Saldría de noche a comprar pan.

—Pero con un real no te bastaría para muchos días.

—Mataría a otro hombre —replicaba el Choriset, riendo.

El Chitano no tenía más tendencia que el robo; siempre andaba merodeando por ver si podía llevarse algo. Andrés, por más que no tenía interés en hacer allí amistades, iba conociendo a la gente. La vida del pueblo era en muchas cosas absurda; las mujeres paseaban separadas de los hombres, y esta separación de sexos existía en casi todo. A Margarita le molestaba que su hermano estuviese constantemente en casa, y le incitaba a que saliera. Algunas tardes, Andrés solía ir al café de la plaza, se enteraba de los conflictos que había en el pueblo entre la música del Casino republicano y la del Casino carlista, y el Mercaer, un obrero republicano, le explicaba de una manera pintoresca lo que había sido la Revolución francesa y los tormentos de la Inquisición.

III.- La casa antigua

Varias veces don Pedro fue y volvió de Madrid al pueblo. Luisito parecía que estaba bien, no tenía tos ni fiebre; pero conservaba aquella tendencia fantaseadora que le hacía divagar y discurrir de una manera impropia de su edad.

—Yo creo que no es cosa de que sigáis aquí —dijo el padre.

—¿Por qué no? —preguntó Andrés.

—Margarita no puede vivir siempre metida en un rincón. A ti no te importa; pero a ella sí.

—Que se vaya a Madrid por una temporada.

—¿Pero tú crees que Luis no está curado todavía?

—No sé; pero me parece mejor que siga aquí.

—Bueno; veremos a ver qué se hace.

Margarita explicó a su hermano que su padre decía que no tenían medios para sostener así dos casas.

—No tiene medios para esto; pero sí para gastar en el Casino —contestó Andrés.

—Eso a ti no te importa —contestó Margarita enfadada.

—Bueno; lo que voy a hacer yo es ver si me dan una plaza de médico de pueblo y llevar al chico.

Lo tendré unos cuantos años en el campo, y luego que haga lo que quiera.

En esta incertidumbre, y sin saber si iban a quedarse o a marcharse, se presentó en la casa una señora de Valencia, prima también de don Pedro. Esta señora era una de esas mujeres decididas y mandonas que les gusta disponerlo todo. Doña Julia decidió que Margarita, Andrés y Luisito fueran a pasar una temporada a casa de los tíos. Ellos los recibirían muy a gusto. Don Pedro encontró la solución muy práctica.

—¿Qué os parece? —preguntó a Margarita y a Andrés.

—A mí, lo que decidáis —contestó Margarita.

—A mí no me parece una buena solución —dijo Andrés.

—¿Por qué?

—Porque el chico no estará bien.

—Hombre, el clima es igual —repuso el padre.

—Sí; pero no es lo mismo vivir en el interior de una ciudad, entre calles estrechas, a estar en el campo. Además, que esos señores parientes nuestros, como solterones, tendrán una porción de chinchorrerías y no les gustarán los chicos.

—No, eso no. Es gente amable, y tienen una casa bastante grande para que haya libertad.

—Bueno. Entonces probaremos.

Un día fueron todos a ver a los parientes. A Andrés, sólo tener que ponerse la camisa planchada, le dejó de un humor endiablado.

Los parientes vivían en un caserón viejo de la parte antigua de la ciudad. Era una casa grande, pintada de azul, con cuatro balcones, muy separados unos de otros, y ventanas cuadradas encima. El portal era espacioso y comunicaba con un patio enlosado como una plazoleta que tenía en medio un farol.

De este patio partía la escalera exterior, ancha, de piedra blanca, que entraba en el edificio al llegar al primer piso, pasando por un arco rebajado.

Llamó don Pedro, y una criada vestida de negro les pasó a una sala grande, triste y oscura. Había en ella un reloj de pared alto, con la caja llena de incrustaciones, muebles antiguos de estilo Imperio, varias cornucopias y un plano de Valencia de a principios del siglo XVIII. Poco después salió don Juan, el primo del padre de Hurtado, un señor de cuarenta a cincuenta años, que les saludó a todos muy amablemente y les hizo pasar a otra sala, en donde un viejo, reclinado en ancha butaca, leía un periódico. La familia la componían tres hermanos y una hermana, los tres solteros. El mayor, don Vicente, estaba enfermo de gota y no salía apenas; el segundo, don Juan, era hombre que quería pasar por joven, de aspecto muy elegante y pulcro; la hermana, doña Isabel, tenía el color muy blanco, el pelo muy negro y la voz lacrimosa. Los tres parecían conservados en una urna; debían estar siempre a la sombra en aquellas salas de aspecto conventual.

Se trató del asunto de que Margarita y sus hermanos pasaran allí una temporada, y los solterones aceptaron la idea con placer. Don Juan, el menor, enseñó la casa a Andrés, que era extensa.

Alrededor del patio, una ancha galería

encristalada le daba vuelta. Los cuartos estaban pavimentados con azulejos relucientes y resbaladizos y tenían escalones para subir y bajar, salvando las diferencias de nivel. Había un sinnúmero de puertas de diferente tamaño. En la parte de atrás de la casa, a la altura del primer piso de la calle brotaba, en medio de un huertecillo sombrío, un altísimo naranjo. Todas las habitaciones presentaban el mismo aspecto silencioso, algo moruno, de luz velada. El cuarto destinado para Andrés y para Luisito era muy grande y daba enfrente de los tejados azules de la torrecilla de una iglesia. .Unos días después de la visita, se instalaron Margarita, Andrés y Luis en la casa.

Andrés estaba dispuesto a ir a un partido. Leía en "El Siglo Médico" las vacantes de médicos rurales, se enteraba de qué clase de pueblos eran y escribía a los secretarios de los Ayuntamientos pidiendo informes. Margarita y Luisito se encontraban bien con sus tíos; Andrés, no; no sentía ninguna simpatía por estos solterones, defendidos por su dinero y por su casa contra las inclemencias de la suerte; les hubiera estropeado la vida con gusto. Era un instinto un poco canalla, pero lo sentía así.

Luisito, que se vio mimado por sus tíos, dejó pronto de hacer la vida que recomendaba Andrés; no quería ir a tomar el sol ni a jugar a la calle; se iba poniendo más exigente y melindroso. La dictadura científica que Andrés pretendía ejercer no se reconocía en la casa. Muchas veces le dijo a la criada vieja que barría el cuarto que dejara abiertas las ventanas para que entrara el sol; pero la criada no le obedecía.

—¿Por qué cierra usted el cuarto? —le preguntó una vez

—. Yo quiero que esté abierto. ¿Oye usted? La criada apenas sabía castellano, y después de una charla confusa le contestó que cerraba el cuarto para que no entrara el sol.

—Si es que yo quiero precisamente eso —la dijo Andrés—. ¿Usted ha oído hablar de los microbios? —Yo, no, señor.

—¿No ha oído usted decir que hay unos gérmenes…, una especie de cosas vivas que andan por el aire y que producen las enfermedades?

—¿Unas cosas vivas en el aire? Serán las

moscas.

—Sí; son como las moscas, pero no son las moscas.

—No; pues no las he visto.

—No, si no se ven; pero existen. Esas cosas vivas están en el aire, en el polvo, sobre los muebles…, y esas cosas vivas, que son malas, mueren con la luz…

¿Ha comprendido usted? —Sí, sí, señor.

—Por eso hay que dejar las ventanas abiertas… para que entre el sol.

Efectivamente; al día siguiente las ventanas estaban cerradas, y la criada vieja contaba a las otras que el señorito estaba loco, porque decía que había unas moscas en el aire que no se veían y que las mataba el sol.

IV.- Aburrimiento

Las gestiones para encontrar un pueblo adonde ir no dieron resultado tan rápidamente como Andrés deseaba, y en vista de esto, para matar el tiempo, se decidió a estudiar las asignaturas del Doctorado. Después marcharía a Madrid y luego a

211

cualquier parte. Luisito pasaba el invierno bien; al parecer estaba curado.

Andrés no quería salir a la calle; sentía una insociabilidad intensa. Le parecía una fatiga tener que conocer a nueva gente.

—Pero hombre, ¿no vas a salir? —le preguntaba Margarita.

—Yo no. ¿Para qué? No me interesa nada de cuanto pasa fuera.

Andar por las calles le fastidiaba, y el campo de los alrededores de Valencia, a pesar de su fertilidad, no le gustaba.

Esta huerta, siempre verde, cortada por acequias de agua turbia, con aquella vegetación jugosa y oscura, no le daba ganas de recorrerla. Prefería estar en casa. Allí estudiaba e iba tomando datos acerca de un punto de psicofísica que pensaba utilizar para la tesis del Doctorado. Debajo de su cuarto había una terraza sombría, musgosa, con algunos jarrones con chumberas y piteras donde no daba nunca el sol. Allí solía pasear Andrés en las horas de calor. Enfrente había otra terraza donde andaba de un lado a otro un cura viejo, de la iglesia próxima, rezando.

Andrés y el cura se saludaban al verse muy amablemente.

Al anochecer, de esta terraza Andrés iba a una azotea pequeña, muy alta, construida sobre la linterna de la escalera. Allá se sentaba hasta que se hacía de noche. Luisito y Margarita iban a pasear en tartana con sus tíos.

Andrés contemplaba el pueblo, dormido bajo la luz del sol y los crepúsculos esplendorosos. A lo lejos se veía el mar, una mancha alargada de un verde pálido, separada en línea recta y clara del cielo, de color algo lechoso en el horizonte. En aquel barrio antiguo las casas próximas eran de gran tamaño; sus paredes se hallaban desconchadas, los tejados cubiertos de musgos verdes y rojos, con matas en los aleros, de jaramagos amarillentos. Se veían casas blancas, azules, rosadas, con sus terrados y azoteas; en las cercas de los terrados se sostenían barreños con tierra, en donde las chumberas y las pitas extendían sus rígidas y anchas paletas; en alguna de aquellas azoteas se veían montones de calabazas surcadas y ventrudas, y de otras redondas y lisas.

Los palomares se levantaban como grandes jaulones ennegrecidos. En el terrado próximo de una casa, sin duda, abandonada, se veían rollos de esteras, montones de cuerdas de estropajo, cacharros rotos esparcidos por el suelo; en otra azotea aparecía un pavo real que andaba suelto por el tejado, y daba unos gritos agudos y desagradables. Por encima de las terrazas y tejados aparecían las torres del pueblo: el Miguelete, rechoncho y fuerte; el cimborrio de la catedral, aéreo y delicado, y luego aquí y allá una serie de torrecillas, casi todas cubiertas con tejas azules y blancas que brillaban con centelleantes reflejos.

Andrés contemplaba aquel pueblo, casi para él desconocido, y hacía mil cábalas caprichosas acerca de la vida de sus habitantes. Veía abajo esta calle, esta rendija sinuosa, estrecha, entre dos filas de caserones. El sol, que al mediodía la cortaba en una zona de sombra y otra de luz, iba, a medida que avanzaba la tarde, escalando las casas de una acera hasta brillar en los cristales de las buhardillas y en los luceros, y desaparecer. En la primavera, las golondrinas y los vencejos trazaban círculos

caprichosos en el aire, lanzando gritos agudos. Andrés las seguía con la vista. Al anochecer se retiraban.

Entonces pasaban algunos mochuelos y gavilanes. Venus comenzaba a brillar con más fuerza y aparecía Júpiter. En la calle, un farol de gas parpadeaba triste y soñoliento... Andrés bajaba a cenar, y muchas veces por la noche volvía de nuevo a la azotea a contemplar las estrellas. Esta contemplación nocturna le producía como un flujo de pensamientos perturbadores. La imaginación se lanzaba a la carrera a galopar por los campos de la fantasía. Muchas veces el pensar en las fuerzas de la naturaleza, en todos los gérmenes de la tierra, del aire y del agua, desarrollándose en medio de la noche, le producía el vértigo.

V.- Desde lejos

Al acercarse mayo, Andrés le dijo a su hermana que iba a Madrid a examinarse del Doctorado.

—¿Vas a volver? —le preguntó Margarita.

—No sé; creo que no.

—Qué antipatía le has tomado a esta casa y al pueblo. No me lo explico.

—No me encuentro bien aquí.

—Claro. ¡Haces lo posible por estar mal! Andrés no quiso discutir y se fue a Madrid, se examinó de las asignaturas del Doctorado, y leyó la tesis que había escrito en Valencia.

En Madrid se encontraba mal; su padre y él seguían tan hostiles como antes. Alejandro se había casado y llevaba a su mujer, una pobre infeliz, a comer a su casa. Pedro hacía vida de mundano. Andrés, si hubiese tenido dinero, se hubiera marchado a viajar por el mundo; pero no tenía un cuarto. Un día leyó en un periódico que el médico de un pueblo de la provincia de Burgos necesitaba un sustituto por dos meses. Escribió; le aceptaron. Dijo en su casa que le había invitado un compañero a pasar unas semanas en un pueblo. Tomó un billete de ida y vuelta, y se fue. El médico a quien tenía que sustituir era un hombre rico, viudo, dedicado a la numismática. Sabía poco de medicina, y no tenía afición más que por la historia y las cuestiones de monedas.

—Aquí no podrá usted lucirse con su ciencia médica —le dijo a Andrés, burlonamente

—. Aquí, sobre todo en verano, no hay apenas enfermos, algunos cólicos, algunas enteritis, algún caso, poco frecuente, de fiebre tifoidea, nada.

El médico pasó rápidamente de esta cuestión profesional, que no le interesaba, a sus monedas, y enseñó a Andrés la colección; la segunda de la provincia. Al decir la segunda suspiraba, dando a entender lo triste que era para él hacer esta declaración. Andrés y el médico se hicieron muy amigos. El numismático le dijo que si quería vivir en su casa se la ofrecía con mucho gusto, y Andrés se quedó allí en compañía de una criada vieja. El verano fue para él delicioso; el día entero lo tenía libre para pasear y para leer; había cerca del pueblo un monte sin árboles, que llamaban el Teso, formado por pedrizas, en cuyas junturas nacían jaras, romeros y cantuesos. Al anochecer era aquello una delicia de olor y de frescura.

Andrés pudo comprobar que el pesimismo y el optimismo son resultados orgánicos como las buenas o las malas digestiones. En aquella aldea se encontraba admirablemente, con una serenidad y una alegría desconocidas para él; sentía que el tiempo pasara demasiado pronto. Llevaba mes y medio en este oasis, cuando un día el cartero le entregó un sobre manoseado, con letra de su padre. Sin duda, había andado la carta de pueblo en pueblo hasta llegar a aquél. ¿Qué vendría allí dentro? Andrés abrió la carta, la leyó y quedó atónito. Luisito acababa de morir en Valencia. Margarita había escrito dos cartas a su hermano, diciéndole que fuera, porque el niño preguntaba mucho por él; pero como don Pedro no sabía el paradero de Andrés, no pudo remitírselas.

Andrés pensó en marcharse inmediatamente; pero al leer de nuevo la carta, echó de ver que hacía ya ocho días que el niño había muerto y estaba enterrado. La noticia le produjo un gran estupor. El alejamiento, el haber dejado a su marcha a Luisito sano y fuerte, le impedía experimentar la pena que hubiese sentido cerca del enfermo. Aquella indiferencia suya, aquella falta de dolor, le parecía algo malo. El niño había muerto; él no experimentaba ninguna desesperación. ¿Para qué provocar en sí mismo un sufrimiento inútil? Este punto lo debatió largas horas en la soledad.

Andrés escribió a su padre y a Margarita. Cuando recibió la carta de su hermana, pudo seguir la marcha de la enfermedad de Luisito. Había tenido una meningitis tuberculosa, con dos o tres días de un período prodrómico, y luego una fiebre alta que hizo perder al niño el conocimiento; así había estado una semana gritando, delirando, hasta morir en un sueño.

En la carta de Margarita se traslucía que estaba destrozada por las emociones.

Cuarta parte: Inquisiciones

I.- Plan filosófico

Al pasar sus dos meses de sustituto, Andrés volvió a Madrid; tenía guardados sesenta duros, y como no sabía qué hacer con ellos, se los envió a su hermana Margarita.

Andrés hacía gestiones para conseguir un empleo, y mientras tanto iba a la Biblioteca Nacional. Estaba dispuesto a marcharse a cualquier pueblo si no encontraba nada en Madrid. Un día se topó en la sala de lectura con Fermín Ibarra, el condiscípulo enfermo, que ya estaba bien, aunque andaba cojeando y apoyándose en un grueso bastón. Fermín se acercó a saludar efusivamente a Hurtado.

Le dijo que estudiaba para ingeniero en Lieja, y solía volver a Madrid en las vacaciones. Andrés siempre había tenido a Ibarra como a un chico. Fermín le llevó a su casa y le enseñó sus inventos, porque era inventor; estaba haciendo un tranvía eléctrico de juguete y otra porción de artificios mecánicos. Fermín le explicó su funcionamiento y le dijo que pensaba pedir patentes por unas cuantas cosas, entre ellas una llanta con trozos de acero para los neumáticos de los automóviles. A Andrés le pareció que su amigo desvariaba, pero no quiso quitarle las ilusiones. Sin embargo, tiempo después, al ver a los automóviles con llantas de trozos de acero como las que había ideado Fermín, pensó que éste debía tener verdadera inteligencia de inventor. Andrés, por las tardes, visitaba a su tío Iturrioz. Se lo encontraba casi siempre en su azotea leyendo o mirando las maniobras de una abeja solitaria o de una araña.

—Ésta es la azotea de Epicuro —decía Andrés riendo.

Muchas veces tío y sobrino discutieron largamente. Sobre todo, los planes ulteriores de Andrés fueron los más debatidos.

Un día la discusión fue más larga y completa:

—¿Qué piensas hacer? —le preguntó Iturrioz.

—¡Yo! Probablemente tendré que ir a un pueblo de médico.

—Veo que no te hace gracia la perspectiva.

—No; la verdad. A mí hay cosas de la carrera que me gustan; pero la práctica, no.

Si pudiese entrar en un laboratorio de fisiología, creo que trabajaría con entusiasmo.

—¡En un laboratorio de fisiología! ¡Si los hubiera en España!

—¡Ah, claro!, si los hubiera.

Además, no tengo preparación científica. Se estudia de mala manera.

—En mi tiempo pasaba lo mismo —dijo Iturrioz—. Los profesores no sirven más que para el embrutecimiento metódico de la juventud estudiosa. Es natural. El español todavía no sabe enseñar; es demasiado fanático, demasiado vago y casi siempre demasiado farsante. Los profesores no tienen más finalidad que cobrar su sueldo y luego pescar pensiones para pasar el verano.

—Además falta disciplina.

—Y otras muchas cosas. Pero, bueno, ¿tú qué vas a hacer? ¿No te entusiasma visitar?

—No.

—¿Y entonces qué plan tienes?

—¿Plan personal? Ninguno.

—Demonio. ¿Tan pobre estás de proyectos?

—Sí, tengo uno; vivir con el máximum de independencia. En España en general no se paga el trabajo, sino la sumisión. Yo quisiera vivir del trabajo, no del favor.

—Es difícil. ¿Y como plan filosófico? ¿Sigues en tus buceamientos?

—Sí. Yo busco una filosofía que sea primeramente una cosmogonía, una hipótesis racional de la formación del mundo; después, una explicación biológica del origen de la vida y del hombre.

—Dudo mucho que la encuentres. Tú quieres una síntesis que complete la cosmología y la biología; una explicación del Universo físico y moral. ¿No es eso?

—Sí.

—¿Y en dónde has ido a buscar esa síntesis?

—Pues en Kant, y en Schopenhauer sobre todo.

—Mal camino —repuso Iturrioz—; lee a los ingleses; la ciencia en ellos va envuelta en sentido práctico. No leas esos metafísicos alemanes; su filosofía es como un alcohol que emborracha y no alimenta. ¿Conoces el "Leviathan" de Hobbes? Yo te lo prestaré si quieres.

—No; ¿para qué? Después de leer a Kant y a Schopenhauer, esos filósofos franceses e ingleses dan la impresión de carros pesados, que marchan chirriando y levantando polvo.

—Sí, quizá sean menos ágiles de pensamiento que los alemanes; pero en cambio no te alejan de la vida.

—¿Y qué? —replicó Andrés—. Uno tiene la angustia, la desesperación de no saber qué hacer con la vida, de no tener un plan, de encontrarse perdido, sin brújula, sin luz a donde dirigirse. ¿Qué se hace con la vida? ¿Qué dirección se le da? Si la vida fuera tan fuerte que le arrastrara a uno, el pensar sería una maravilla, algo como para el caminante detenerse y sentarse a la sombra de un árbol, algo como penetrar en un oasis de paz; pero la vida es estúpida, sin emociones, sin accidentes, al menos aquí, y creo que en todas partes, y el pensamiento se llena de terrores como compensación a la esterilidad emocional de la existencia.

—Estás perdido —murmuró Iturrioz—. Ese intelectualismo no te puede llevar a nada bueno.

—Me llevará a saber, a conocer. ¿Hay

placer más grande que éste? La antigua filosofía nos daba la magnífica fachada de un palacio; detrás de aquella magnificencia no había salas espléndidas, ni lugares de delicias, sino mazmorras oscuras. Ése es el mérito sobresaliente de Kant; él vio que todas las maravillas descritas por los filósofos eran fantasías, espejismos; vio que las galerías magníficas no llevaban a ninguna parte.

—¡Vaya un mérito! —murmuró Iturrioz.

—Enorme. Kant prueba que son indemostrables los dos postulados más trascendentales de las religiones y de los sistemas filosóficos: Dios y la libertad. Y lo terrible es que prueba que son indemostrables a pesar suyo.

—¿Y qué?

—¡Y qué! Las consecuencias son terribles; ya el universo no tiene comienzo en el tiempo ni límite en el espacio; todo está sometido al encadenamiento de causas y efectos; ya no hay causa primera; la idea de causa primera, como ha dicho Schopenhauer, es la idea de un trozo de madera hecho de hierro.

—A mí esto no me asombra.

—A mí sí. Me parece lo mismo que si viéramos un gigante que marchara al parecer con un fin y alguien descubriera que no tenía ojos. Después de Kant el mundo es ciego; ya no puede haber ni libertad ni justicia, sino fuerzas que obran por un principio de causalidad en los dominios del espacio y del tiempo. Y esto tan grave no es todo; hay además otra cosa que se desprende por primera vez claramente de la filosofía de Kant, y es que el mundo no tiene realidad; es que ese espacio y ese tiempo y ese principio de causalidad no existen fuera de nosotros tal como nosotros los vemos, que pueden ser distintos, que pueden no existir...

—Bah. Eso es absurdo —murmuró Iturrioz—. Ingenioso si se quiere, pero nada más.

—No; no sólo no es absurdo, sino que es práctico. Antes para mí era una gran pena considerar el infinito del espacio; creer el mundo inacabable me producía una gran impresión; pensar que al día siguiente de mi muerte el espacio y el tiempo seguirían existiendo me entristecía, y eso que consideraba que mi vida no es una cosa envidiable; pero cuando llegué a comprender que la idea del espacio y del tiempo son necesidades de nuestro espíritu, pero que no tienen realidad; cuando me convencí por Kant que el espacio y el tiempo no significan nada, por lo menos que la idea que tenemos de ellos puede no existir fuera de nosotros, me tranquilicé. Para mí es un consuelo pensar que, así como nuestra retina produce los colores, nuestro cerebro produce las ideas de tiempo, de espacio y de causalidad. Acabado nuestro cerebro, se acabó el mundo. Ya no sigue el tiempo, ya no sigue el espacio, ya no hay encadenamiento de causas. Se acabó la comedia, pero definitivamente. Podemos suponer que un tiempo y un espacio sigan para los demás.

¿Pero eso qué importa si no es el nuestro, que es el único real?

—Bah, ¡Fantasías! ¡Fantasías! —dijo Iturrioz.

II.- Realidad de las cosas

—No, no, realidades —replicó Andrés—. ¿Qué duda cabe que el mundo que conocemos es el resultado del reflejo de la parte de cosmos del horizonte sensible en nuestro cerebro? Este reflejo unido, contrastado, con las imágenes reflejadas en los cerebros de los demás hombres que han vivido y que viven, es nuestro conocimiento del mundo, es nuestro mundo. ¿Es así, en realidad, fuera de nosotros? No lo sabemos, no lo podremos saber jamás.

—No veo claro. Todo eso me parece poesía.

—No; poesía no. Usted juzga por las sensaciones que le dan los sentidos. ¿No es verdad? —Cierto.

—Y esas sensaciones e imágenes las ha ido usted valorizando desde niño con las sensaciones e imágenes de los demás. ¿Pero tiene usted la seguridad de que ese mundo exterior es tal como usted lo ve? ¿Tiene usted la seguridad ni siquiera de que existe?

—Sí.

—La seguridad práctica, claro; pero nada más.

—Esa basta.

—No, no basta. Basta para un hombre sin deseo de saber, si no, ¿para qué se inventarían teorías acerca del calor o acerca de la luz? Se diría: hay objetos calientes y fríos, hay color verde o azul; no necesitamos saber lo que son.

—No estaría mal que procediéramos así. Si no, la duda lo arrasa, lo destruye todo.

—Claro que lo destruye todo.

—Las matemáticas mismas quedan sin base.

—Claro. Las proposiciones matemáticas y lógicas son únicamente las leyes de la inteligencia humana; pueden ser también las leyes de la naturaleza exterior a nosotros, pero no lo podemos afirmar. La inteligencia lleva como necesidades inherentes a ella, las nociones de causa, de espacio y de tiempo, como un cuerpo lleva tres dimensiones.

Estas nociones de causa, de espacio y de tiempo son inseparables de la inteligencia, y cuando ésta afirma sus verdades y sus axiomas "a priori", no hace más que señalar su propio mecanismo.

—¿De manera que no hay verdad?

—Sí; el acuerdo de todas las inteligencias en una misma cosa es lo que llamamos verdad. Fuera de los axiomas lógicos y matemáticos, en los cuales no se puede suponer que no haya unanimidad, en lo demás todas las verdades tienen como condición el ser unánimes.

—¿Entonces son verdades porque son unánimes? —preguntó Iturrioz.

—No, son unánimes, porque son verdades.

—Me da igual.

—No, no. Si usted me dice: la gravedad es verdad porque es una idea unánime, yo le diré no; la gravedad es unánime porque es verdad. Hay alguna diferencia. Para mí, dentro de lo relativo de todo, la gravedad es una verdad absoluta.

—Para mí no; puede ser una verdad relativa.

—No estoy conforme —dijo Andrés—. Sabemos que nuestro conocimiento es una relación imperfecta entre las cosas exteriores y nuestro yo; pero como esa relación es constante, en su tanto de imperfección, no le quita ningún valor a la relación entre una cosa y otra. Por ejemplo, respecto al termómetro centígrado: usted me podrá decir que dividir en cien grados la diferencia de temperatura que hay entre el agua helada y el agua en ebullición es una arbitrariedad, cierto; pero si en esta azotea hay veinte grados y en la cueva quince, esa relación es una cosa exacta.

—Bueno. Está bien. Quiere decir que tú aceptas la posibilidad de la mentira inicial.

Déjame suponer la mentira en toda la escala de conocimientos. Quiero suponer que la gravedad es una costumbre, que mañana un hecho cualquiera la desmentirá.

¿Quién me lo va a impedir?

—Nadie; pero usted, de buena fe, no puede aceptar esa posibilidad. El encadenamiento de causas y efectos es la ciencia. Si ese encadenamiento no existiera, ya no habría asidero ninguno; todo podría ser verdad.

—Entonces vuestra ciencia se basa en la utilidad.

—No; se basa en la razón y en la experiencia.

—No, porque no podéis llevar la razón hasta las últimas consecuencias.

—Ya se sabe que no, que hay claros. La ciencia nos da la descripción de una falange de este mamuth, que se llama universo; la filosofía nos quiere dar la hipótesis racional de cómo puede ser este mamuth. ¿Que ni los datos empíricos ni los datos racionales son todos absolutos? ¡Quién lo duda! La ciencia valora los datos de la observación; relaciona las diversas ciencias particulares, que son como islas exploradas en el océano de lo desconocido, levanta puentes de paso entre unas y otras, de manera que en su conjunto tengan cierta unidad.

Claro que estos puentes no pueden ser más que hipótesis, teorías, aproximaciones a la verdad.

—Los puentes son hipótesis y las islas lo son también.

No, no estoy conforme. La ciencia es la única construcción fuerte de la humanidad. Contra ese bloque científico del determinismo, afirmado ya por los griegos,

¿cuántas olas no han roto? Religiones,

morales, utopías; hoy todas esas pequeñas supercherías del pragmatismo y de las ideas-fuerzas…, y sin embargo, el bloque continúa inconmovible, y la ciencia no sólo arrolla estos obstáculos, sino que los aprovecha para perfeccionarse.

—Sí —contestó Iturrioz—; la ciencia arrolla esos obstáculos y arrolla también al hombre.

—Eso en parte es verdad —murmuró Andrés, paseando por la azotea.

III El árbol de la ciencia y el árbol de la vida

—Ya la ciencia para vosotros —dijo Iturrioz— no es una institución con un fin humano, ya es algo más; la habéis convertido en ídolo.

Hay la esperanza de que la verdad, aun la que hoy es inútil, pueda ser útil mañana —replicó Andrés.

—¡Bah! ¡Utopía! ¿Tú crees que vamos a aprovechar las verdades astronómicas alguna vez?

—¿Alguna vez? Las hemos aprovechado ya.

—¿En qué?

—En el concepto del mundo.

—Está bien; pero yo hablaba de un aprovechamiento práctico, inmediato. Yo en el fondo estoy convencido de que la verdad en bloque es mala para la vida.

Esa anomalía de la naturaleza que se llama la vida necesita estar basada en el capricho, quizá en la mentira.

—En eso estoy conforme —dijo Andrés—. La voluntad, el deseo de vivir, es tan fuerte en el animal como en el hombre. En el hombre es mayor la comprensión. A más comprender, corresponde menos desear. Esto es lógico, y además se comprueba en la realidad. La apetencia por conocer se despierta en los individuos que aparecen al final de una evolución, cuando el instinto de vivir languidece. El hombre, cuya necesidad es conocer, es como la mariposa que rompe la crisálida para morir. El individuo sano, vivo, fuerte, no ve las cosas como son, porque no le conviene. Está dentro de una alucinación.

Don Quijote, a quien Cervantes quiso dar un sentido negativo, es un símbolo de la afirmación de la vida. Don Quijote vive más que todas las personas cuerdas que le rodean, vive más y con más intensidad que los otros. El individuo o el pueblo que quiere vivir se envuelve en nubes como los antiguos dioses cuando se aparecían a los mortales. El instinto vital necesita de la ficción para afirmarse. La ciencia entonces, el instinto de crítica, el instinto de averiguación debe encontrar una verdad: la cantidad de mentira que es necesaria para la vida. ¿Se ríe usted?

—Sí, me río, porque eso que tú expones con palabras del día, está dicho nada menos que en la Biblia.

—¡Bah!

—Sí, en el Génesis. Tú habrás leído que en el centro del paraíso había dos árboles, el árbol de la vida y el árbol de la ciencia del bien y del mal. El árbol de la vida era inmenso, frondoso, y, según algunos santos padres, daba la inmortalidad. El árbol de la ciencia no se dice cómo era; probablemente sería mezquino y triste. ¿Y tú sabes lo que le dijo Dios a Adán?

—No recuerdo; la verdad.

—Pues al tenerle a Adán delante, le dijo: Puedes comer todos los frutos del jardín; pero cuidado con el fruto del árbol de la ciencia del bien y del mal, porque el día que tú comas su fruto morirás de muerte. Y Dios, seguramente, añadió: Comed del árbol de la vida, sed bestias, sed cerdos, sed egoístas, revolcaos por el suelo alegremente; pero no comáis del árbol de la ciencia, porque ese fruto agrio os dará una tendencia a mejorar que os destruirá. ¿No es un consejo admirable?

—Sí, es un consejo digno de un accionista del Banco —repuso Andrés.

—¡Cómo se ve el sentido práctico de esa granjería semítica! —dijo Iturrioz—.

¡Cómo olfatearon esos buenos judíos, con sus narices corvas, que el estado de conciencia podía comprometer la vida!

—Claro, eran optimistas; griegos y semitas tenían el instinto fuerte de vivir, inventaban dioses para ellos, un paraíso exclusivamente suyo. Yo creo que en el fondo no comprendían nada de la naturaleza.

—No les convenía. —Seguramente no les convenía. En cambio, los turanios y los arios del Norte intentaron ver la naturaleza tal como es.

—¿Y, a pesar de eso, nadie les hizo caso y se dejaron domesticar por los semitas del Sur?

—¡Ah, claro! El semitismo, con sus tres impostores, ha dominado al mundo, ha tenido la oportunidad y la fuerza; en una época de guerras dio a los hombres un dios de las batallas, a las mujeres y a los débiles un motivo de lamentos, de quejas y de sensiblería.

Hoy, después de siglos de dominación semítica, el mundo vuelve a la cordura, y la verdad aparece como una aurora pálida tras de los terrores de la noche.

—Yo no creo en esa cordura —dijo Iturrioz— ni creo en la ruina del semitismo. El semitismo judío, cristiano o musulmán, seguirá siendo el amo del mundo, tomará avatares extraordinarios. ¿Hay nada más interesante que la Inquisición, de índole tan semítica, dedicada a limpiar de judíos y moros al mundo? ¿Hay caso más curioso que el de Torquemada, de origen judío?

—Sí, eso define el carácter semítico, la confianza, el optimismo, el oportunismo...

Todo eso tiene que desaparecer. La mentalidad científica de los hombres del norte de Europa lo barrerá.

—Pero ¿dónde están esos hombres? ¿Dónde están esos precursores?

—En la ciencia, en la filosofía, en Kant sobre todo. Kant ha sido el gran destructor de la mentira greco-semítica. Él se encontró con esos dos árboles bíblicos de que usted hablaba antes y fue apartando las ramas del árbol de la vida que ahogaban al árbol de la ciencia. Tras él no queda, en el mundo de las ideas, más que un camino estrecho y penoso: la Ciencia. Detrás de él, sin tener quizá su fuerza y su grandeza, viene otro destructor, otro oso del Norte, Schopenhauer, que no quiso dejar en pie los subterfugios que el maestro sostuvo amorosamente por falta de valor. Kant pide por misericordia que esa gruesa rama del árbol de la vida, que se llama libertad, responsabilidad, derecho, descanse junto a las ramas del árbol de la ciencia para dar perspectivas a la mirada del hombre. Schopenhauer, más austero, más probo en su pensamiento, aparta esa rama, y la vida aparece como una cosa oscura y ciega, potente y jugosa sin justicia, sin bondad, sin fin; una corriente llevada por una fuerza "x", que él llama voluntad y que, de cuando en cuando, en medio de la materia organizada, produce un fenómeno secundario, una fosforescencia cerebral, un reflejo, que es la inteligencia. Ya se ve claro en estos dos principios vida y verdad, voluntad e inteligencia.

—Ya debe haber filósofos y biófilos —dijo Iturrioz.

—¿Por qué no? Filósofos y biófilos. En estas circunstancias el instinto vital, todo actividad y confianza, se siente herido y tiene que reaccionar y reacciona. Los unos, la mayoría literatos, ponen su optimismo en la vida, en la brutalidad de los instintos y cantan la vida cruel, canalla, infame, la vida sin finalidad, sin objeto, sin principios y sin moral, como una pantera en medio de una selva. Los otros ponen el optimismo en la misma ciencia. Contra la tendencia agnóstica de un Du Bois-Reymond que afirmó que jamás el entendimiento del hombre llegaría a conocer la mecánica del universo, están las tendecias de Berthelot, de Metchnikoff, de Ramón y Cajal en España, que supone que se puede llegar a averiguar el fin del hombre en la Tierra. Hay, por último, los que quieren volver a las ideas viejas y a los viejos mitos, porque son útiles para la vida. Éstos son profesores de retórica, de esos que tienen la sublime misión de contarnos cómo se estornudaba en el siglo XVIII después de tomar rapé, los que nos dicen que la ciencia fracasa y que el materialismo, el determinismo, el encadenamiento de causa a efecto es una cosa grosera, y que el espiritualismo es algo sublime y refinado. ¡Qué risa! ¡Qué admirable lugar común para que los obispos y los generales cobren su sueldo y los comerciantes puedan vender impunemente bacalao podrido! ¡Creer en el ídolo o en el fetiche es símbolo de superioridad; creer en los átomos, como Demócrito o Epicuro, ¡señal de estupidez! Un "aissaua" de Marruecos que se rompe la cabeza con un hacha y traga cristales en honor de la divinidad, o un buen mandingo con su taparrabos, son seres refinados y cultos; en cambio el hombre de ciencia que estudia la naturaleza es un ser vulgar y grosero. ¡Qué admirable paradoja para vestirse de galas retóricas y de sonidos nasales en la boca de un académico francés! Hay que reírse cuando dicen que la ciencia fracasa. Tontería: todo lo que fracasa es la mentira; la ciencia marcha adelante, arrollándolo todo.

—Sí, estamos conformes, lo hemos dicho antes, arrollándolo todo. Desde un punto de vista puramente científico, yo no puedo aceptar esa teoría de la duplicidad de la función vital: inteligencia a un lado, voluntad a otro, no.

—Yo no digo inteligencia a un lado y voluntad a otro —replicó Andrés—, sino predominio de la inteligencia o predominio de la voluntad. Una lombriz tiene voluntad e inteligencia, voluntad de vivir tanta como el hombre, resiste a la muerte como puede; el hombre tiene también voluntad e inteligencia, pero en otras proporciones.

—Lo que quiero decir es que no creo que la voluntad sea sólo una máquina de desear y la inteligencia una máquina de reflejar.

—Lo que sea en sí, no lo sé; pero a nosotros nos parece esto racionalmente. Si todo reflejo tuviera para nosotros un fin, podríamos sospechar que la inteligencia no es sólo un aparato reflector, una luna indiferente para cuando se coloca en su horizonte sensible; pero la conciencia refleja lo que puede aprehender sin interés, automáticamente y produce imágenes. Estas imágenes desprovistas de lo contingente dejan un símbolo, un esquema que debe ser la idea.

—No creo en esa indiferencia automática que tú atribuyes a la inteligencia. No somos un intelecto puro, ni una máquina de desear, somos hombres que al mismo tiempo piensan, trabajan, desean, ejecutan... Yo creo que hay ideas que son fuerzas.

—Yo, no. La fuerza está en otra cosa. La misma idea que impulsa a un anarquista romántico a escribir unos versos ridículos y humanitarios, es la que hace a un dinamitero poner una bomba. La misma ilusión imperialista tiene Bonaparte que Lebaudy, el emperador del Sahara. Lo que les diferencia es algo orgánico.

—¡Qué confusión! En qué laberinto nos vamos metiendo —murmuró Iturrioz.

—Sintetice usted nuestra discusión y nuestros distintos puntos de vista.

—En parte, estamos conformes.

Tú quieres, partiendo de la relatividad de todo, darles un valor absoluto a las relaciones entre las cosas.

—Claro, lo que decía antes; el metro en sí, medida arbitraria; los trescientos sesenta grados de un círculo, medida también arbitraria; las relaciones obtenidas con el metro o con el arco, exactas.

—No, ¡si estamos conformes! Sería imposible que no lo estuviéramos en todo lo que se refiere a la matemática y a la lógica; pero cuando nos vamos alejando de estos conocimientos simples y entramos en el dominio de la vida, nos encontramos dentro de un laberinto, en medio de la mayor confusión y desorden. En este baile de máscaras, en donde bailan millones de figuras abigarradas, tú me dices: Acerquémonos a la verdad.

¿Dónde está la verdad? ¿Quién es ese enmascarado que pasa por delante de nosotros?

¿Qué esconde debajo de su capa gris? ¿Es un rey o un mendigo? ¿Es un joven admirablemente formado o un viejo enclenque y lleno de úlceras? La verdad es una brújula loca que no funciona en este caos de cosas desconocidas.

—Cierto, fuera de la verdad matemática y de la verdad empírica que se va adquiriendo lentamente, la ciencia no dice mucho. Hay que tener la probidad de reconocerlo…, y esperar.

—¿Y, mientras tanto, abstenerse de vivir, de afirmar? Mientras tanto no vamos a saber si la República es mejor que la Monarquía, si el protestantismo es mejor o peor que el catolicismo, si la propiedad individual es buena o mala; mientras la Ciencia no llegue hasta ahí, silencio.

—¿Y qué remedio queda para el hombre inteligente?

—Hombre, sí. Tú reconoces que fuera del dominio de las matemáticas y de las ciencias empíricas existe, hoy por hoy, un campo enorme a donde todavía no llegan las indicaciones de la ciencia. ¿No es eso?

—Sí.

—¿Y por qué en ese campo no tomar como norma la utilidad?

—Lo encuentro peligroso —dijo Andrés—. Esta idea de la utilidad, que al principio parece sencilla, inofensiva, puede llegar a legitimar las mayores enormidades, a entronizar todos los prejuicios.

—Cierto, también, tomando como norma la verdad, se puede ir al fanatismo más bárbaro. La verdad puede ser un arma de combate.

—Sí, falseándola, haciendo que no lo sea. No hay fanatismo en matemáticas, ni en ciencias naturales. ¿Quién puede vanagloriarse de defender la verdad en política o en moral? El que así se vanagloria, es tan fanático como el que defiende cualquier sistema político o religioso. La ciencia no tiene nada que ver con eso; ni es cristiana, ni es atea, ni revolucionaria, ni reaccionaria.

—Pero ese agnosticismo, para todas las cosas que no se conocen científicamente, es absurdo, porque es antibiológico. Hay que vivir. Tú sabes que los isiólogos han demostrado que, en el uso de nuestros sentidos, tendemos a percibir, no de la manera más exacta, sino de la manera más económica, más ventajosa, más útil. ¿Qué mejor norma de la vida que su utilidad, su engrandecimiento?

—No, no; eso llevaría a los mayores absurdos en la teoría y en la práctica.

Tendríamos que ir aceptando ficciones lógicas: el libre albedrío, la responsabilidad, el mérito; acabaríamos aceptándolo todo, las mayores extravagancias de las religiones.

—No, no aceptaríamos más que lo útil.

—Pero para lo útil no hay comprobación como para lo verdadero —replicó Andrés—. La fe religiosa para un católico, además de ser verdad, es útil; para un irreligioso puede ser falsa y útil, y para otro irreligioso puede ser falsa e inútil.

—Bien, pero habrá un punto en que

estemos todos de acuerdo, por ejemplo, en la utilidad de la fe para una acción dada. La fe, dentro de lo natural, es indudable que tiene una gran fuerza. Si yo me creo capaz de dar un salto de un metro, lo daré; si me creo capaz de dar un salto de dos o tres metros, quizá lo dé también.

—Pero si se cree usted capaz de dar un salto de cincuenta metros, no lo dará usted por mucha fe que tenga.

—Claro que no; pero eso no importa para que la fe sirva en el radio de acción de lo posible.

Luego la fe es útil, biológica; luego hay que conservarla.

—No, no. Eso que usted llama fe no es más que la conciencia de nuestra fuerza. Ésa existe siempre, se quiera o no se quiera. La otra fe conviene destruirla; dejarla es un peligro; tras de esa puerta que abre hacia lo arbitrario una filosofía basada en la utilidad, en la comodidad o en la eficacia, entran todas las locuras humanas.

—En cambio, cerrando esa puerta y no dejando más norma que la verdad, la vida languidece, se hace pálida, anémica, triste. Yo no sé quién decía: La legalidad nos mata; como él podemos decir: La razón y la ciencia nos apabullan. La sabiduría del judío se comprende cada vez más que se insiste en este punto: a un lado el árbol de la ciencia, al otro el árbol de la vida.

—Habrá que creer que el árbol de la ciencia es como el clásico manzanillo, que mata a quien se acoge a su sombra —dijo Andrés burlonamente.

—Sí, ríete.

—No, no me río.

V.- Disociación

—No sé, no sé —murmuró Iturrioz—. Creo que vuestro intelectualismo no os llevará a nada.

¿Comprender? ¿Explicarse las cosas? ¿Para qué? Se puede ser un gran artista, un gran poeta, se puede ser hasta un matemático y un científico y no comprender en el fondo nada. El intelectualismo es estéril. La misma

Alemania, que ha tenido el cetro del intelectualismo, hoy parece que lo repudia. En la Alemania actual casi no hay filósofos, todo el mundo está ávido de vida práctica. El intelectualismo, el criticismo, el anarquismo van de baja.

—¿Y qué? ¡Tantas veces han ido de baja y han vuelto a renacer! —contestó Andrés.

—¿Pero se puede esperar algo de esa destrucción sistemática y vengativa? —No es sistemática ni vengativa. Es destruir lo que no se afirme de por sí; es llevar el análisis a todo; es ir disociando las ideas tradicionales, para ver qué nuevos aspectos toman; qué componentes tienen. Por la desintegración electrolítica de los átomos van apareciendo estos iones y electrones mal conocidos. Usted sabe también que algunos histólogos han creído encontrar en el protoplasma de las células granos que consideran como unidades orgánicas elementales y que han llamado bioblastos. ¿Por qué lo que están haciendo en física en este momento los Roentgen y los Becquerel y en biología los Haeckel y los Hertwing no se ha de hacer en filosofía y en moral? Claro que en las afirmaciones de la

249

química y de la histología no está basada una política, ni una moral, y si mañana se encontrara el medio de descomponer y de transmutar los cuerpos simples, no habría ningún papa de la ciencia clásica que excomulgara a los investigadores.

—Contra tu disociación en el terreno moral, no sería un papa el que protestara, sería el instinto conservador de la sociedad.

—Ese instinto ha protestado siempre contra todo lo nuevo y seguirá protestando; ¿eso qué importa? La disociación analítica será una obra de saneamiento, una desinfección de la vida

—Una desinfección que puede matar al enfermo.

—No, no hay cuidado. El instinto de conservación del cuerpo social es bastante fuerte para rechazar todo lo que no puede digerir. Por muchos gérmenes que se siembren, la descomposición de la sociedad será biológica.

—¿Y para qué descomponer la sociedad? ¿Es que se va a construir un mundo nuevo mejor que el actual? —Sí, yo creo que sí.

—Yo lo dudo. Lo que hace a la sociedad malvada es el egoísmo del hombre, y el egoísmo es un hecho natural, es una necesidad de la vida. ¿Es que supones que el hombre de hoy es menos egoísta y cruel que el de ayer? Pues te engañas.

¡Si nos dejaran!; el cazador que persigue zorras y conejos cazaría hombres si pudiera. Así como se sujeta a los patos y se les alimenta para que se les hipertrofie el hígado, tendríamos a las mujeres en adobo para que estuvieran más suaves. Nosotros, civilizados, hacemos jockeys como los antiguos monstruos, y si fuera posible les quitaríamos el cerebro a los cargadores para que tuvieran más fuerza, como antes la Santa Madre Iglesia quitaba los testículos a los cantores de la Capilla Sixtina para que cantasen mejor. ¿Es que tú crees que el egoísmo va a desaparecer? Desaparecería la Humanidad. ¿Es que supones, como algunos sociólogos ingleses y los anarquistas, que se identificará el amor de uno mismo con el amor de los demás? —No; yo supongo que hay formas de agrupación social unas mejores que otras, y que se deben ir dejando las malas y tomando las buenas.

—Esto me parece muy vago. A una colectividad no se le moverá jamás diciéndole: Puede haber una forma social mejor. Es como si a una mujer se le dijera: Si nos unimos, quizá vivamos de una manera soportable. No, a la mujer y a la colectividad hay que prometerles el paraíso; esto demuestra la ineficacia de tu idea analítica y disociadora. Los semitas inventaron un paraíso materialista (en el mal sentido) en el principio del hombre; el cristianismo, otra forma de semitismo, colocó el paraíso al final y fuera de la vida del hombre y los anarquistas, que no son más que unos neocristianos; es decir, neosemitas; ponen su paraíso en la vida y en la tierra. En todas partes y en todas épocas los conductores de hombres son prometedores de paraísos.

—Sí, quizá; pero alguna vez tenemos que dejar de ser niños, alguna vez tenemos que mirar a nuestro alrededor con serenidad.

¡Cuántos terrores no nos ha quitado de encima el análisis! Ya no hay monstruos en el seno de la noche, ya nadie nos acecha. Con nuestras fuerzas vamos siendo dueños del mundo.

VI.- La compañía del hombre

—Sí, nos ha quitado terrores —exclamó Iturrioz—; pero nos ha quitado también vida. ¡Sí, es la claridad la que hace la vida actual completamente vulgar! Suprimir los problemas es muy cómodo; pero luego no queda nada. Hoy, un chico lee una novela del año treinta, y las desesperaciones de Larra y de Espronceda, y se ríe; tiene la evidencia de que no hay misterios.

La vida se ha hecho clara; el valor del dinero aumenta; el burguesismo crece con la democracia. Ya es imposible encontrar rincones poéticos al final de un pasadizo tortuoso; ya no hay sorpresas.

—Usted es un romántico.

—Y tú también. Pero yo soy un romántico práctico.

Yo creo que hay que afirmar el conjunto de mentiras y verdades que son de uno hasta convertirlo en una cosa viva. Creo que hay que vivir con las locuras que uno tenga, cuidándolas y hasta aprovechándose de ellas.

—Eso me parece lo mismo que si un

diabético aprovechara el azúcar de su cuerpo para endulzar su taza de café.

—Caricaturizas mi idea, pero no importa.

—El otro día leí en un libro —añadió Andrés burlonamente— que un viajero cuenta que en un remoto país los naturales le aseguraron que ellos no eran hombres, sino loros de cola roja. ¿Usted cree que hay que afirmar las ideas hasta que uno se vea las plumas y la cola? —Sí; creyendo en algo más útil y grande que ser un loro, creo que hay que afirmar con fuerza. Para llegar a dar a los hombres una regla común, una disciplina, una organización, se necesita una fe, una ilusión, algo que aunque sea una mentira salida de nosotros mismos parezca una verdad llegada de fuera. Si yo me sintiera con energía,

¿sabes lo que haría!

—¿Qué?

—Una milicia como la que inventó Loyola, con un carácter puramente humano: La Compañía del Hombre.

—Aparece el vasco en usted.

—Quizá.

—¿Y con qué fin iba usted a fundar esa compañía?

—Esta compañía tendría la misión de enseñar el valor, la serenidad, el reposo; de arrancar toda tendencia a la humildad, a la renunciación, a la tristeza, al engaño, a la rapacidad, al sentimentalismo...

—La escuela de los hidalgos.

—Eso es, la escuela de los hidalgos.

—De los hidalgos ibéricos, naturalmente. Nada de semitismo.

—Nada; un hidalgo limpio de semitismo; es decir, de espíritu cristiano, me parecería un tipo completo.

—Cuando funde usted esa compañía, acuérdese usted de mí. Escríbame usted al pueblo.

—¿Pero de veras te piensas marchar?

—Sí; si no encuentro nada aquí, me voy a marchar.

—¿Pronto?

—Sí, muy pronto.

—Ya me tendrás al corriente de tu

experiencia. Te encuentro mal armado para esa prueba.

—Usted no ha fundado todavía su compañía...

—Ah, sería utilísima. Ya lo creo. Cansados de hablar, se callaron. Comenzaba a hacerse de noche.

Las golondrinas trazaban círculos en el aire, chillando. Venus había salido en el poniente, de color anaranjado, y poco después brillaba Júpiter con su luz azulada. En las casas comenzaban a iluminarse las ventanas. Filas de faroles iban encendiéndose, formando dos líneas paralelas en la carretera de Extremadura. De las plantas de la azotea, de los tiestos de sándalo y de menta llegaban ráfagas perfumadas...

Quinta parte:
La experiencia en el pueblo

I.- De viaje

Unos días después nombraban a Hurtado médico titular de Alcolea del Campo. Era éste un pueblo del centro de España, colocado en esa zona intermedia donde acaba Castilla y comienza Andalucía. Era villa de importancia, de ocho a diez mil habitantes; para llegar a ella había que tomar la línea de Córdoba, detenerse en una estación de la Mancha y seguir a Alcolea en coche. En seguida de recibir el nombramiento, Andrés hizo su equipaje y se dirigió a la estación del Mediodía. La tarde era de verano, pesada, sofocante, de aire seco y lleno de polvo.

A pesar de que el viaje lo hacía de noche, Andrés supuso que sería demasiado molesto ir en tercera, y tomó un billete de primera clase.

Entró en el andén, se acercó a los vagones, y en uno que tenía el cartel de no fumadores, se dispuso a subir. Un hombrecito vestido de negro, afeitado, con anteojos, le dijo con voz melosa y acento americano:

—Oiga, señor; este vagón es para los no fumadores.

Andrés no hizo el menor caso de la advertencia, y se acomodó en un rincón. Al poco rato se presentó otro viajero, un joven alto, rubio, membrudo, con las guías de los bigotes levantadas hasta los ojos. El hombre bajito, vestido de negro, le hizo la misma advertencia de que allí no se fumaba.

—Lo veo aquí —contestó el viajero algo molesto, y subió al vagón.

Quedaron los tres en el interior del coche sin hablarse; Andrés, mirando vagamente por la ventanilla, y pensando en las sorpresas que le reservaría el pueblo. El tren echó a andar.

El hombrecito negro sacó una especie de túnica amarillenta, se envolvió en ella, se puso un pañuelo en la cabeza y se tendió a dormir. El monótono golpeteo del tren acompañaba el soliloquio interior de Andrés; se vieron a lo lejos varias veces las luces de Madrid en medio del campo pasaron tres o cuatro estaciones desiertas, y entró el revisor. Andrés sacó su billete, el joven alto hizo lo mismo, y el hombrecito, después de quitarse su balandrán, se registró los bolsillos y mostró un billete y un papel.

El revisor advirtió al viajero que llevaba un billete de segunda.

El hombrecito de negro, sin más ni más, se encolerizó, y dijo que aquello era una grosería; había avisado en la estación su deseo de cambiar de clase; él era un extranjero, una persona acomodada, con mucha plata, sí, señor, que había viajado por toda Europa y toda América, y sólo en España, en un país sin civilización, sin cultura, en donde no se tenía la menor atención al extranjero, podían suceder cosas semejantes.

El hombrecito insistió y acabó insultando a los españoles. Ya estaba deseando dejar este país, miserable y atrasado; afortunadamente, al día siguiente estaría en Gibraltar, camino de América. El revisor no contestaba; Andrés miraba al hombrecito, que gritaba descompuesto, con aquel acento meloso y repulsivo, cuando el joven rubio, irguiéndose, le dijo con voz violenta:

—No le permito hablar así de España. Si usted es extranjero y no quiere vivir aquí, váyase usted a su país pronto, y sin hablar, porque si no, se expone usted a que le echen por la ventanilla, y voy a ser yo; ahora mismo.

—¡Pero, señor! —exclamó el extranjero—. Es que quieren atropellarme…

—No es verdad. El que atropella es usted. Para viajar se necesita educación, y viajando con españoles no se habla mal de España.

—Si yo amo a España y el carácter español —exclamó el hombrecito—. Mi familia es toda española. ¿Para qué he venido a España si no para conocer a la madre patria?

—No quiero explicaciones. No necesito oírlas —contestó el otro con voz seca, y se tendió en el diván como para manifestar el poco aprecio que sentía por su compañero de viaje.

Andrés quedó asombrado; realmente aquel joven había estado bien. Él, con su intelectualismo, pensó qué clase de tipo sería el hombre bajito, vestido de negro; el otro había hecho una afirmación rotunda de su país y de su raza. El hombrecito comenzó a explicarse, hablando solo. Hurtado se hizo el dormido. Un poco después de medianoche llegaron a una estación plagada de gente; una compañía de cómicos trasbordaba, dejando la línea de Valencia, de donde venían, para tomar la de Andalucía. Las actrices, con un guardapolvo gris; los actores, con sombreros de paja y gorritas, se acercaban todos como gente que no se apresura, que sabe viajar, que considera el mundo como suyo. Se acomodaron los cómicos en el tren y se oyó gritar de vagón a vagón:

—¡Eh, Fernández!, ¿dónde está la botella?

—¡Molina, que la característica te llama!

—¡A ver ese traspunte que se ha perdido! Se tranquilizaron los cómicos, y el tren siguió su marcha.

Ya al amanecer, a la pálida claridad de la mañana, se iban viendo tierras de viña y olivos en hilera.

Estaba cerca la estación donde tenía que bajar Andrés. Se preparó, y al detenerse el tren saltó al andén, desierto. Avanzó hacia la salida y dio la vuelta a la estación. Enfrente, hacia el pueblo, se veía una calle ancha, con unas casas grandes blancas y dos filas de luces eléctricas mortecinas. La luna, en menguante, iluminaba el cielo. Se sentía en el aire un olor como dulce a paja seca. A un hombre que pasó hacia la estación le dijo:

—¿A qué hora sale el coche para Alcolea?

— las cinco. Del extremo de esta misma calle suele salir.

Andrés avanzó por la calle, pasó por delante de la garita de consumos, iluminada, dejó la maleta en el suelo y se sentó encima a esperar.

II.- Llegada al pueblo

Ya era entrada la mañana cuando la diligencia partió para Alcolea. El día se preparaba a ser ardoroso. El cielo estaba azul, sin una nube; el sol brillante; la carretera marchaba recta, cortando entre viñedos y alguno que otro olivar, de olivos viejos y encorvados. El paso de la diligencia levantaba nubes de polvo. En el coche no iba más que una vieja vestida de negro, con un cesto al brazo. Andrés intentó conversar con ella, pero la vieja era de pocas palabras o no tenía ganas de hablar en aquel momento.

En todo el camino el paisaje no variaba; la carretera subía y bajaba por suaves lomas entre idénticos viñedos. A las tres horas de marcha apareció el pueblo en una hondonada. A Hurtado le pareció grandísimo. El coche tomó por una calle ancha de casas bajas, luego cruzó varias encrucijadas y se detuvo en una plaza delante de un caserón blanco, en uno de cuyos balcones se leía: Fonda de la Palma.

—¿Usted parará aquí? —le preguntó el mozo.

—Sí, aquí.

Andrés bajó y entró en el portal. Por la cancela se veía un patio, a estilo andaluz, con arcos y columnas de piedra. Se abrió la reja y el dueño salió a recibir al viajero. Andrés le dijo que probablemente estaría bastante tiempo, y que le diera un cuarto espacioso.

—Aquí abajo le pondremos a usted —y le llevó a una habitación bastante grande, con una ventana a la calle. Andrés se lavó y salió de nuevo al patio. A la una se comía. Se sentó en una de las mecedoras. Un canario, en su jaula, colgada del techo, comenzó a gorjear de una manera estrepitosa.

La soledad, la frescura, el canto del canario hicieron a Andrés cerrar los ojos y dormir un rato Le despertó la voz del criado, que decía:

—Puede usted pasar a almorzar.

Entró en el comedor. Había en la mesa tres viajantes de comercio. Uno de ellos era un catalán que representaba fábricas de Sabadell; el otro, un riojano que vendía tartratos para los vinos, y el último, un andaluz que vivía en Madrid y corría aparatos eléctricos. El catalán no era tan petulante como la generalidad de sus paisanos del mismo oficio; el riojano no se las echaba de franco ni de bruto, y el andaluz no pretendía ser gracioso.

Estos tres mirlos blancos del comisionismo eran muy anticlericales. La comida le sorprendió a Andrés, porque no había más que caza y carne. Esto, unido al vino muy alcohólico, tenía que producir una verdadera incandescencia interior. Después de comer, Andrés y los tres viajantes fueron a tomar café al casino. Hacía en la calle un calor espantoso; el aire venía en ráfagas secas como salidas de un horno. No se podía mirar a derecha y a

izquierda; las casas, blancas como la nieve, rebozadas de cal, reverberaban esta luz vívida y cruel hasta dejarle a uno ciego.

Entraron en el casino. Los viajantes pidieron café y jugaron al dominó. Un enjambre de moscas revoloteaba en el aire. Terminada la partida volvieron a la fonda a dormir la siesta. Al salir a la calle, la misma bofetada de calor le sorprendió a Andrés; en la fonda los viajantes se fueron a sus cuartos. Andrés hizo lo propio, y se tendió en la cama aletargado. Por el resquicio de las maderas entraba una claridad brillante, como una lámina de oro; de las vigas negras, con los espacios entre una y otra pintados de azul, colgaban telas de araña plateadas. En el patio seguía cantando el canario con su gorjeo chillón, y a cada paso se oían campanadas lentas y tristes... El mozo de la fonda le había advertido a Hurtado, que si tenía que hablar con alguno del pueblo no podría verlo, por lo menos, hasta las seis.

Al dar esta hora, Andrés salió de casa y se fue a visitar al secretario del Ayuntamiento y al otro médico. El secretario era un tipo un poco petulante, con el pelo negro rizado y los ojos vivos. Se creía un hombre superior, colocado en un medio bajo. El secretario brindó en seguida su protección a Andrés.

—Si quiere usted —le dijo— iremos ahora mismo a ver a su compañero, el doctor Sánchez.

—Muy bien, vamos.

El doctor Sánchez vivía cerca, en una casa de aspecto pobre. Era un hombre grueso, rubio, de ojos azules, inexpresivos, con una cara de carnero, de aire poco inteligente. El doctor Sánchez llevó la conversación a la cuestión de a ganancia, y le dijo a Andrés que no creyera que allí, en Alcolea, se sacaba mucho. Don Tomás, el médico aristócrata del pueblo, se llevaba toda la clientela rica. Don Tomás Solana era de allí; tenía una casa hermosa, aparatos modernos, relaciones…

—Aquí el titular no puede más que mal vivir —dijo Sánchez.

—¡Qué le vamos a hacer! —murmuró Andrés—. Probaremos. El secretario, el médico y Andrés salieron de la casa para dar una vuelta. Seguía aquel calor exasperante, aquel aire inflamado y seco. Pasaron por la plaza, con su iglesia llena de añadidos y composturas, y sus puestos de cosas de hierro y esparto. Siguieron por una calle ancha, de caserones blancos, con su balcón central lleno de geranios, y su reja, afiligranada, con una cruz de Calatrava en lo alto. De los portales se veía el zaguán con un zócalo azul y el suelo empedrado de piedrecitas, formando dibujos. Algunas calles extraviadas, con grandes paredones de color de tierra, puertas enormes y ventanas pequeñas, parecían de un pueblo moro. En uno de aquellos patios vio Andrés muchos hombres y mujeres de luto, rezando.

—¿Qué es esto? —preguntó.

—Aquí le llaman un rezo —dijo el secretario; y explicó que era una costumbre que se tenía de ir a las casas donde había muerto alguno a rezar el rosario.

Salieron del pueblo por una carretera llena de polvo; las galeras de cuatro ruedas volvían del campo cargadas con montones de gavillas.

—Me gustaría ver el pueblo entero; no me formo idea de su tamaño —dijo Andrés.

—Pues subiremos aquí, a este cerrillo —indicó el secretario.

—Yo les dejo a ustedes, porque tengo que hacer una visita —dijo el médico.

Se despidieron de él, y el secretario y Andrés comenzaron a subir un cerro rojo, que tenía en la cumbre una torre antigua, medio derruida.

Hacía un calor horrible, todo el campo parecía quemado, calcinado; el cielo plomizo, con reflejos de cobre, iluminaba los polvorientos viñedos, y el sol se ponía tras de un velo espeso de calina, a través del cual quedaba convertido en un disco blanquecino y sin brillo. Desde lo alto del cerro se veía la llanura cerrada por lomas grises, tostada por el sol; en el fondo, el pueblo inmenso se extendía con sus paredes blancas, sus tejados de color de ceniza, y su torre dorada en medio. Ni un boscaje, ni un árbol, sólo viñedos y viñedos, se divisaban en toda la extensión abarcada por la vista; únicamente dentro de las tapias de algunos corrales una higuera extendía sus anchas y oscuras hojas.

Con aquella luz del anochecer, el pueblo parecía no tener realidad; se hubiera creído que un soplo de viento lo iba a arrastrar y a deshacer como nube de polvo sobre la tierra enardecida y seca.

En el aire había un olor empireumático,

dulce, agradable.

—Están quemando orujo en alguna alquitara —dijo el secretario.

Bajaron el secretario y Andrés del cerrillo. El viento levantaba ráfagas de polvo en la carretera; las campanas comenzaban a tocar de nuevo. Andrés entró en la fonda a cenar, y salió por la noche. Había refrescado; aquella impresión de irrealidad del pueblo se acentuaba. A un lado y a otro de las calles, languidecían las cansadas lámparas de luz eléctrica. Salió la luna; la enorme ciudad, con sus fachadas blancas, dormía en el silencio; en los balcones centrales encima del portón, pintado de azul, brillaban los geranios; las rejas, con sus cruces, daban una impresión de romanticismo y de misterio, de tapadas y escapatorias de convento; por encima de alguna tapia, brillante de blancura como un témpano de nieve, caía una guirnalda de hiedra negra, y todo este pueblo, grande, desierto, silencioso, bañado por la suave claridad de la luna, parecía un inmenso sepulcro.

III.- Primeras dificultades

Andrés Hurtado habló largamente con el doctor Sánchez, de las obligaciones del cargo. Quedaron de acuerdo en dividir Alcolea en dos secciones, separadas por la calle Ancha. Un mes, Hurtado visitaría la parte derecha, y al siguiente la izquierda. Así conseguirían no tener que recorrer los dos todo el pueblo. El doctor Sánchez recabó como condición indispensable, el que si alguna familia de la sección visitada por Andrés quería que la visitara él o al contrario, se haría según los deseos del enfermo.

Hurtado aceptó; ya sabía que no había de tener nadie predilección por llamarle a él; pero no le importaba. Comenzó a hacer la visita.

Generalmente, el número de enfermos que le correspondían no pasaba de seis o siete. Andrés hacía las visitas por la mañana; después, en general, por la tarde no tenía necesidad de salir de casa.

El primer verano lo pasó en la fonda;

llevaba una vida soñolienta; oía a los viajantes de comercio que en la mesa discurseaban y alguna que otra vez iba al teatro, una barraca construida en un patio.

La visita por lo general, le daba pocos quebraderos de cabeza; sin saber por qué, había supuesto los primeros días que tendría continuos disgustos; creía que aquella gente manchega sería agresiva, violenta, orgullosa; pero no, la mayoría eran sencillos, afables, sin petulancia.

En la fonda, al principio se encontraba bien; pero se cansó pronto de estar allí. Las conversaciones de los viajantes le iban fastidiando; la comida, siempre de carne y sazonada con especias picantes, le producía digestiones pesadas.

—¿Pero no hay legumbres aquí? —le preguntó al mozo un día.

—Sí.

—Pues yo quisiera comer legumbres: judías, lentejas.

El mozo se quedó estupefacto, y a los pocos días le dijo que no podía ser; había que hacer una comida especial; los demás huéspedes no querían comer legumbres; el amo de la fonda suponía que era una verdadera deshonra para su establecimiento poner un plato de habichuelas o de lentejas. El pescado no se podía llevar en el rigor del verano, porque no venía en buenas condiciones. El único pescado fresco eran las ranas, cosa un poco cómica como alimento. Otra de las dificultades era bañarse; no había modo. El agua de Alcolea era un lujo y un lujo caro. La traían en carros desde una distancia de cuatro leguas, y cada cántaro valía diez céntimos. Los pozos estaban muy profundos; sacar el agua suficiente de ellos para tomar un baño, constituía un gran trabajo; se necesitaba emplear una hora lo menos. Con aquel régimen de carne y con el calor, Andrés estaba constantemente excitado. Por las noches iba a pasear solo por las calles desiertas. A primera hora, en las puertas de las casas, algunos grupos de mujeres y chicos salían a respirar.

Muchas veces Andrés se sentaba en la calle Ancha en el escalón de una puerta y miraba las dos filas de luces eléctricas que brillaban en la atmósfera turbia. ¡Qué tristeza! ¡Qué malestar físico le producía aquel ambiente! A principios de septiembre, Andrés decidió dejar la fonda.

Sánchez le buscó una casa. A Sánchez no le convenía que el médico rival suyo, se hospedara en la mejor fonda del pueblo; allí estaba en relación con los viajeros, en sitio muy céntrico; podía quitarle visitas. Sánchez le llevó a Andrés a una casa de las afueras, a un barrio que llamaban del Marrubial.Era una casa de labor, grande, antigua, blanca, con el frontón pintado de azul y una galería tapiada en el primer piso. Tenía sobre el portal un ancho balcón y una reja labrada a una callejuela.

El amo de la casa era del mismo pueblo que Sánchez, y se llamaba José; pero le decían en burla en todo el pueblo, Pepinito.

Fueron Andrés y Sánchez a ver la casa, y el ama les enseñó un cuarto pequeño, estrecho, muy adornado, con una alcoba en el fondo oculta por una cortina roja.

—Yo quisiera —dijo Andrés— un cuarto en el piso bajo y a poder ser, grande.

—En el piso bajo no tengo —dijo ella— más que un cuarto grande, pero sin arreglar.

—Si pudiera usted enseñarlo.

—Bueno.

La mujer abrió una sala antigua y sin muebles con una reja afiligranada a la callejuela que se llamaba de los Carretones.

—¿Y este cuarto está libre?

—Sí.

—Ah, pues aquí me quedo —dijo Andrés.

—Bueno, como usted quiera; se blanqueará, se barrerá y se traerá la cama. Sánchez se fue y Andrés habló con su nueva patrona.

—¿Usted no tendrá una tinaja inservible? —le preguntó.

—¿Para qué?

—Para bañarme.

—En el corralillo hay una.

—Vamos a verla.

La casa tenía en la parte de atrás una tapia de adobes cubierta con bardales de ramas que limitaba varios patios y corrales además del establo, la tejavana para el carro, la sarmentera, el lagar, la bodega y la almazara.

En un cuartucho que había servido de tahona y que daba a un corralillo, había una tinaja grande cortada por la mitad y hundida en el suelo.

—¿Esta tinaja me la podrá usted ceder a mí? —preguntó Andrés.

—Sí, señor; ¿por qué no?

—Ahora, quisiera que me indicara usted algún mozo que se encargara de llenar todos los días la tinaja; yo le pagaré lo que me diga.

—Bueno. El mozo de casa lo hará. ¿Y de comer? ¿Qué quiere usted comer? ¿Lo que comemos en casa?

—Sí, lo mismo.

—¿No quiere usted alguna otra cosa más? ¿Aves? ¿Fiambres?

—No, no. En tal caso, si a usted no le molesta, quisiera que en las dos comidas pusieran un plato de legumbres.

Con estas advertencias, la nueva patrona creyó que su huésped, si no estaba loco, no le faltaba mucho. La vida en la casa le pareció a Andrés más simpática que en la fonda. Por las tardes, después de las horas de bochorno, se sentaba en el patio a hablar con la gente de casa. La patrona era una mujer morena, de tez blanca, de cara casi perfecta; tenía un tipo de Dolorosa; ojos negrísimos y pelo brillante como el azabache. El marido, Pepinito, era un hombre estúpido, con facha de degenerado, cara juanetuda, las orejas muy separadas de la cabeza y el labio colgante. Consuelo, la hija

de doce o trece años, no era tan desagradable como su padre ni tan bonita como su madre.

Con un primer detalle adjudicó Andrés sus simpatías y antipatías en la casa. Una tarde de domingo, la criada cogió una cría de gorrión en el tejado y la bajó al patio.

—Mira, llévalo al pobrecito al corral —dijo el ama—, que se vaya.

—No puede volar —contestó la criada, y lo dejó en el suelo.

En esto entró Pepinito, y al ver al gorrión se acercó a una puerta y llamó al gato. El gato, un gato negro con los ojos dorados, se asomó al patio. Pepinito entonces, asustó al pájaro con el pie, y al verlo revolotear, el gato se abalanzó sobre él y le hizo arrancar un quejido. Luego se escapó con los ojos brillantes y el gorrión en la boca.

—No me gusta ver esto —dijo el ama.

Pepinito, el patrón, se echó a reír con un gesto de pedantería y de superioridad del hombre que se encuentra por encima de todo sentimentalismo.

IV.- La hostilidad médica

Don Juan Sánchez había llegado a Alcolea hacía más de treinta años de maestro cirujano; después, pasando unos exámenes, se llegó a licenciar. Durante bastantes años estuvo, con relación al médico antiguo, en una situación de inferioridad, y cuando el otro murió, el hombre comenzó a crecerse y a pensar que ya que él tuvo que sufrir las chinchorrerías del médico anterior, era lógico que el que viniera sufriera las suyas. Don Juan era un manchego apático y triste, muy serio, muy grave, muy aficionado a los toros. No perdía ninguna de las corridas importantes de la provincia, y llegaba a ir hasta las fiestas de los pueblos de la Mancha baja y de Andalucía. Esta afición bastó a Andrés para considerarle como un bruto. El primer rozamiento que tuvieron Hurtado y él fue por haber ido Sánchez a una corrida de Baeza. Una noche llamaron a Andrés del molino de la Estrella, un molino de harina que se hallaba a un cuarto de hora del pueblo. Fueron a buscarle en un cochecito.

La hija del molinero estaba enferma; tenía el vientre hinchado, y esta hinchazón del vientre se había complicado con una retención de orina. A la enferma la visitaba Sánchez; pero aquel día, al llamarle por la mañana temprano, dijeron en casa del médico que no estaba; se había ido a los toros de Baeza. Don Tomás tampoco se encontraba en el pueblo. El cochero fue explicando a Andrés lo ocurrido, mientras animaba al caballo con la fusta. Hacía una noche admirable; miles de estrellas resplandecían soberbias, y de cuando en cuando pasaba algún meteoro por el cielo. En pocos momentos, y dando algunos barquinazos en los hoyos de la carretera, llegaron al molino. Al detenerse el coche, el molinero se asomó a ver quién venía, y exclamó:

—¿Cómo? ¿No estaba don Tomás?

—No.

—¿Y a quién traes aquí?

—Al médico nuevo.

El molinero, iracundo, comenzó a insultar a los médicos. Era hombre rico y orgulloso, que se creía digno de todo.

—Me han llamado aquí para ver a una enferma —dijo Andrés fríamente—.

¿Tengo que verla o no? Porque si no, me vuelvo.

—Ya, ¡qué se va a hacer! Suba usted.

Andrés subió una escalera hasta el piso principal, y entró detrás del molinero en un cuarto en donde estaba una muchacha en la cama y su madre cuidándola. Andrés se acercó a la cama. El molinero siguió renegando.

—Bueno. Cállese usted —le dijo Andrés—, si quiere usted que reconozca a la enferma.

El hombre se calló. La muchacha era hidrópica, tenía vómitos, disnea y ligeras convulsiones. Andrés examinó a la enferma; su vientre hinchado parecía el de una rana, a

279

la palpación se notaba claramente la fluctuación del líquido que llenaba el peritoneo.

—¿Qué? ¿Qué tiene? —preguntó la madre.

—Esto es una enfermedad del hígado, crónica, grave —contestó Andrés, retirándose de la cama para que la muchacha no le oyera—; ahora la hidropesía se ha complicado con la retención de orina.

—¿Y qué hay que hacer, Dios mío? ¿O no tiene cura?

—Si se pudiera esperar, sería mejor que viniera Sánchez. Él debe conocer la marcha de la enfermedad.

—¿Pero se puede esperar? —preguntó el padre con voz colérica.

Andrés volvió a reconocer a la enferma; el pulso estaba muy débil; la insuficiencia respiratoria, probablemente resultado de la absorción de la urea en la sangre, iba aumentando; las convulsiones se sucedían con más fuerza. Andrés tomó la temperatura. No llegaba a la normal.

—No se puede esperar —dijo Hurtado, dirigiéndose a la madre.

—¿Qué hay que hacer? —exclamó el molinero—. Obre usted…

—Habría que hacer la punción abdominal —repuso Andrés, siempre hablando a la madre—. Si no quieren ustedes que la haga yo…

—Sí, sí, usted.

—Bueno; entonces iré a casa, cogeré mi estuche y volveré. El mismo molinero se puso al pescante del coche. Se veía que la frialdad desdeñosa de Andrés le irritaba. Fueron los dos durante el camino sin hablarse. Al llegar a su casa, Andrés bajó, cogió su estuche, un poco de algodón y una pastilla de sublimado. Volvieron al molino. Andrés animó un poco a la enferma, jabonó y friccionó la piel en el sitio de elección, y hundió el trócar en el vientre abultado de la muchacha. Al retirar el trócar y dejar la cánula, manaba el agua, verdosa, llena de serosidades, como de una fuente a un barreño. Después de vaciarse el líquido, Andrés pudo sondar la vejiga, y la enferma comenzó a respirar fácilmente. La temperatura subió en seguida por encima de la normal. Los síntomas de la uremia iban desapareciendo. Andrés hizo que le dieran leche a la muchacha, que quedó tranquila. En la casa había un gran regocijo.

—No creo que esto haya acabado —dijo Andrés a la madre—; se reproducirá, probablemente.

—¿Qué cree usted que debíamos hacer? —preguntó ella humildemente.

—Yo, como ustedes, iría a Madrid a consultar con un especialista.

Hurtado se despidió de la madre y de la hija. El molinero montó en el pescante del coche para llevar a Andrés a Alcolea. La mañana comenzaba a sonreír en el cielo; el sol brillaba en los viñedos y en los campesinos, de negro, montados en las ancas de los borricos, les seguían. Grandes bandadas de cuervos pasaban por el aire. El molinero fue sin hablar en todo el camino; en su alma luchaban el orgullo y el agradecimiento; quizá esperaba que Andrés le dirigiera la palabra; pero éste no despegó los labios. Al llegar a casa bajó del coche, y murmuró:

—Buenos días.

—¡Adiós!

Y los dos hombres se despidieron como dos enemigos.

Al día siguiente, Sánchez se le acercó a Andrés, más apático y triste que nunca.

—Usted quiere perjudicarme —le dijo.

—Sé por qué dice usted eso —le contestó Andrés—; pero yo no tengo la culpa. He visitado a esa muchacha, porque vinieron a buscarme, y la operé, porque no había más remedio, porque se estaba muriendo.

—Sí; pero también le dijo usted a la madre que fuera a ver a un especialista de Madrid, y eso no va en beneficio de usted ni en beneficio mío. Sánchez no comprendía que este consejo lo hubiera dado Andrés por probidad, y suponía que era por perjudicarle a él. También creía que por su cargo tenía un derecho a cobrar una especie de contribución por todas las enfermedades de Alcolea. Que el tío Fulano cogía un catarro fuerte, pues eran seis visitas para él; que padecía un reumatismo, pues podían ser hasta veinte visitas.

El caso de la chica del molinero se comentó

mucho en todas partes e hizo suponer que Andrés era un médico conocedor de procedimientos modernos. Sánchez, al ver que la gente se inclinaba a creer en la ciencia del nuevo médico, emprendió una campaña contra él. Dijo que era hombre de libros, pero sin práctica alguna, y que además era un tipo misterioso, del cual no se podía uno fiar. Al ver que Sánchez le declaraba la guerra francamente, Andrés se puso en guardia. Era demasiado escéptico en cuestiones de medicina para hacer imprudencias. Cuando había que intervenir en casos quirúrgicos, enviaba al enfermo a Sánchez que, como hombre de conciencia bastante elástica, no se alarmaba por dejarle a cualquiera ciego o manco. Andrés casi siempre empleaba los medicamentos a pequeñas dosis; muchas veces no producían efecto; pero al menos no corría el peligro de una torpeza. No dejaba de tener éxitos; pero él se confesaba ingenuamente a sí mismo que, a pesar de sus éxitos, no hacía casi nunca un diagnóstico bien. Claro que por prudencia no aseguraba los primeros días nada; pero casi siempre las enfermedades le daban sorpresas; una supuesta pleuresía, aparecía como una lesión hepática; una tifoidea, se le transformaba en una gripe real.

Cuando la enfermedad era clara, una viruela o una pulmonía, entonces la conocía él y la conocían las comadres de la vecindad, y cualquiera. Él no decía que los éxitos se debían a la casualidad; hubiera sido absurdo; pero tampoco los lucía como resultado de su ciencia. Había cosas grotescas en la práctica diaria; un enfermo que tomaba un poco de jarabe simple, y se encontraba curado de una enfermedad crónica del estómago; otro, que con el mismo jarabe, decía que se ponía a la muerte. Andrés estaba convencido de que en la mayoría de los casos una terapéutica muy activa no podía ser beneficiosa más que en manos de un buen clínico, y para ser un buen clínico era indispensable, además de facultades especiales, una gran práctica.

Convencido de esto, se dedicaba al método expectante. Daba mucha agua con jarabe. Ya le había dicho confidencialmente al boticario:

—Usted cobre como si fuera quinina.

Este escepticismo en sus conocimientos y en su profesión le daba prestigio. A ciertos enfermos les recomendaba los preceptos higiénicos, pero nadie le hacía caso. Tenía un cliente, dueño de unas bodegas, un viejo artrítico, que se pasaba la vida leyendo folletines. Andrés le aconsejaba que no comiera carne y que anduviera.

—Pero si me muero de debilidad, doctor —decía él—. No como más que un pedacito de carne, una copa de Jerez y una taza de café.

—Todo eso es malísimo —decía Andrés.

Este demagogo, que negaba la utilidad de comer carne, indignaba a la gente acomodada... y a los carniceros. Hay una frase de un escritor francés que quiere ser trágica y es enormemente cómica. Es así: "Desde hace treinta años no se siente placer en ser francés." El vinatero artrítico debía decir: "Desde que ha venido este médico, no se siente placer en ser rico."La mujer del secretario del Ayuntamiento, una mujer muy remilgada y redicha, quería convencer a Hurtado de que debía casarse y quedarse definitivamente en Alcolea.

—Ya veremos —contestaba Andrés.

V.- Alcolea del Campo

Las costumbres de Alcolea eran españolas puras, es decir, de un absurdo completo. El pueblo no tenía el menor sentido social; las familias se metían en sus casas, como los trogloditas en su cueva. No había solidaridad; nadie sabía ni podía utilizar la fuerza de la asociación. Los hombres iban al trabajo y a veces al casino. Las mujeres no salían más que los domingos a misa.

Por falta de instinto colectivo el pueblo se había arruinado. En la época del tratado de los vinos con Francia, todo el mundo, sin consultarse los unos a los otros, comenzó a cambiar el cultivo de sus campos, dejando el trigo y los cereales, y poniendo viñedos; pronto el río de vino de Alcolea se convirtió en río de oro. En este momento de prosperidad, el pueblo se agrandó, se limpiaron las calles, se pusieron aceras, se instaló la luz eléctrica…; luego vino la terminación del tratado, y como nadie sentía la responsabilidad de representar el pueblo, a nadie se le ocurrió decir: Cambiemos el cultivo; volvamos a nuestra vida antigua; empleemos la riqueza producida por el vino en transformar la tierra para las necesidades de hoy. Nada. El pueblo aceptó la ruina con resignación.

—Antes éramos ricos —se dijo cada alcoleano—. Ahora seremos pobres. Es igual; viviremos peor, suprimiremos nuestras necesidades. Aquel estoicismo acabó de hundir al pueblo. Era natural que así fuese; cada ciudadano de Alcolea se sentía tan separado del vecino como de un extranjero. No tenían una cultura común (no la tenían de ninguna clase); no participaban de admiraciones comunes: sólo el hábito, la rutina les unía; en el fondo, todos eran extraños a todos. Muchas veces a Hurtado le parecía Alcolea una ciudad en estado de sitio. El sitiador era la moral, la moral católica. Allí no había nada que no estuviera almacenado y recogido: las mujeres en sus casas, el dinero en las carpetas, el vino en las tinajas.

Andrés se preguntaba: ¿Qué hacen estas mujeres? ¿En qué piensan? ¿Cómo pasan las horas de sus días? Difícil era averiguarlo.

Con aquel régimen de guardarlo todo, Alcolea gozaba de un orden admirable; sólo un cementerio bien cuidado podía sobrepasar tal perfección. Esta perfección se conseguía haciendo que el más inepto fuera el que gobernara. La ley de selección en pueblos como aquél se cumplía al revés. El cedazo iba separando el grano de la paja, luego se recogía la paja y se desperdiciaba el grano. Algún burlón hubiera dicho que este aprovechamiento de la paja entre españoles no era raro. Por aquella selección a la inversa, resultaba que los más aptos allí eran precisamente los más ineptos. En Alcolea había pocos robos y delitos de sangre: en cierta época los había habido entre jugadores y matones; la gente pobre no se movía, vivía en una pasividad lánguida; en cambio los ricos se agitaban, y la usura iba sorbiendo toda la vida de la ciudad. El labrador, de humilde pasar, que durante mucho tiempo tenía una casa con cuatro o cinco parejas de mulas, depronto aparecía con diez, luego con veinte; sus tierras se extendían cada vez más, y él se colocaba entre los ricos. La política de Alcolea respondía perfectamente al estado de inercia y desconfianza del pueblo. Era una política de caciquismo, una lucha entre dos bandos contrarios, que se llamaban el de los Ratones y el de los Mochuelos; los Ratones eran liberales, y los Mochuelos conservadores. En aquel momento dominaban los Mochuelos. El Mochuelo principal era el alcalde, un hombre delgado, vestido de negro, muy clerical, cacique de formas suaves, que suavemente iba llevándose todo lo que podía del municipio.

El cacique liberal del partido de los Ratones era don Juan, un tipo bárbaro y despótico, corpulento y forzudo, con unas manos de gigante; hombre, que cuando entraba a mandar, trataba al pueblo en conquistador. Este gran Ratón no disimulaba como el Mochuelo; se quedaba con todo lo que podía, sin tomarse el trabajo de ocultar decorosamente sus robos. Alcolea se había acostumbrado a los Mochuelos y a los Ratones, y los consideraba necesarios. Aquellos bandidos eran los sostenes de la sociedad; se repartían el botín; tenían unos para otros un "tabú" especial, como el de los polinesios. Andrés podía estudiar en Alcolea todas aquellas manifestaciones del árbol de la vida, y de la vida áspera manchega: la expansión del egoísmo, de la envidia, de la crueldad, del orgullo.

A veces pensaba que todo esto era necesario; pensaba también que se podía llegar en la indiferencia intelectualista, hasta disfrutar contemplando estas expansiones, formas violentas de la vida. ¿Por qué incomodarse, si todo está determinado, si es fatal, si no puede ser de otra manera?, se preguntaba. ¿No era científicamente un poco absurdo el furor que le entraba muchas veces al ver las injusticias del pueblo? Por otro lado: ¿no estaba también determinado, no era fatal el que su cerebro tuviera una irritación que le hiciera protestar contra aquel estado de cosas violentamente? Andrés discutía muchas veces con su patrona. Ella no podía comprender que Hurtado afirmase que era mayor delito robar a la comunidad, al Ayuntamiento, al Estado, que robar a un particular. Ella decía que no; que defraudar a la comunidad, no podía ser tanto como robar a una persona. En Alcolea casi todos los ricos defraudaban a la Hacienda, y no se les tenía por ladrones. Andrés trataba de convencerla, de que el daño hecho con el robo a la comunidad era más grande que el producido contra el bolsillo de un particular; pero la Dorotea no se convencía.

—¡Qué hermosa sería una revolución —decía Andrés a su patrona—, no una revolución de oradores y de miserables charlatanes, sino una revolución de verdad!

Mochuelos y Ratones, colgados de los faroles, ya que aquí no hay árboles; y luego lo almacenado por la moral católica, sacarlo de sus rincones y echarlo a la calle: los hombres, las mujeres, el dinero, el vino; todo a la calle. Dorotea se reía de estas ideas de su huésped, que le parecían absurdas.

Como buen epicúreo, Andrés no tenía tendencia alguna por el apostolado. Los del Centro republicano le habían dicho que diera conferencias acerca de higiene; pero él estaba convencido de que todo aquello era inútil, completamente estéril.

¿Para qué? Sabía que ninguna de estas cosas había de tener eficacia, y prefería no ocuparse de ellas.

Cuando le hablaban de política, Andrés decía a los jóvenes republicanos.

—No hagan ustedes un partido de protesta.

¿Para qué? Lo menos malo que puede ser es una colección de retóricos y de charlatanes; lo más malo es que sea otra banda de Mochuelos o de Ratones.

—¡Pero, don Andrés! Algo hay que hacer.

—¡Qué van ustedes a hacer! ¡Es imposible! Lo único que pueden ustedes hacer es marcharse de aquí.

El tiempo en Alcolea le resultaba a Andrés muy largo. Por la mañana hacía su visita; después volvía a casa y tomaba el baño. Al atravesar el corralillo se encontraba con la patrona, que dirigía alguna labor de la casa; la criada solía estar lavando la ropa en una media tinaja, cortada en sentido longitudinal que parecía una canoa, y la niña correteaba de un lado a otro. En este corralillo tenían una sarmentera, donde se secaban las gavillas de sarmientos, y montones de leña de cepas viejas.

Andrés abría la antigua tahona y se bañaba. Después iba a comer. El otoño todavía parecía verano; era costumbre dormir la siesta. Estas horas de siesta se le hacían a Hurtado pesadas, horribles. En su cuarto echaba una estera en el suelo y se tendía

293

sobre ella, a oscuras. Por la rendija de las ventanas entraba una lámina de luz; en el pueblo dominaba el más completo silencio; todo estaba aletargado bajo el calor del sol; algunos moscones rezongaban en los cristales; la tarde bochornosa, era interminable. Cuando pasaba la fuerza del día, Andrés salía al patio y se sentaba a la sombra del emparrado a leer.

El ama, su madre y la criada cosían cerca del pozo; la niña hacía encaje de bolillos con hilos y unos alfileres clavados sobre una almohada; al anochecer regaban los tiestos de claveles, de geranios y de albahacas. Muchas veces venían vendedores y vendedoras ambulantes a ofrecer frutas, hortalizas o caza.

—¡Ave María Purísima! —decían al entrar. Dorotea veía lo que traían.

—¿Le gusta a usted esto, don Andrés? —le preguntaba Dorotea a Hurtado.

—Sí, pero por mí no se preocupe usted —contestaba él. Al anochecer volvía el patrón.

Estaba empleado en unas bodegas, y concluía a aquella hora el trabajo. Pepinito era un hombre petulante; sin saber nada, tenía la pedantería de un catedrático. Cuando explicaba algo bajaba los párpados, con un aire de suficiencia tal, que a Andrés le daban ganas de extrangularle. Pepinito trataba muy mal a su mujer y a su hija; constantemente las llamaba estúpidas, borricas, torpes; tenía el convencimiento de que él era el único que hacía bien las cosas.

—¡Que este bestia tenga una mujer tan guapa y simpática, es verdaderamente desagradable! —pensaba Andrés.

Entre las manías de Pepinito estaba la de pasar por tremendo. Le gustaba contar historias de riñas y de muertes. Cualquiera al oírle hubiese creído que se estaban matando continuamente en Alcolea; contaba un crimen ocurrido hacía cinco años en el pueblo, y le daba tales variaciones y lo explicaba de tan distintas maneras, que el crimen se desdoblaba y se multiplicaba. Pepinito era del Tomelloso, y todo lo refería a su pueblo. El Tomelloso, según él, era la antítesis de Alcolea; Alcolea era lo vulgar, el Tomelloso lo extraordinario; que se hablase de lo que se hablase, Pepinito le decía a Andrés:

—Debía usted ir al Tomelloso. Allí no hay ni un árbol.

—Ni aquí tampoco —le contestaba Andrés, riendo.

—Sí. Aquí algunos —replicaba Pepinito—. Allí todo el pueblo está agujereado por las cuevas para el vino, y no crea usted que son modernas, no, sino antiguas. Allí ve usted tinajones grandes metidos en el suelo. Allí todo el vino que se hace es natural; malo muchas veces, porque no saben prepararlo, pero natural.

—¿Y aquí? —Aquí ya emplean la química —decía Pepinito, para quien Alcolea era un pueblo degenerado por la civilización—; tartratos, campeche, fuchsina, demonios le echan éstos al vino.

Al final de septiembre, unos días antes de la vendimia, la patrona le dijo a Andrés:

—¿Usted no ha visto nuestra bodega? — No.

—Pues vamos ahora a arreglarla.

El mozo y la criada estaban sacando leña y sarmientos, metidos durante todo el invierno en el lagar; y dos albañiles iban picando las paredes.

Dorotea y su hija le enseñaron a Hurtado el lagar a la antigua, con su viga para prensar, las chanclas de madera y de esparto que se ponen los pisadores en los pies y los vendos para sujetárselas. Le mostraron las piletas donde va cayendo el mosto y lo recogen en cubos, y la moderna bodega capaz para dos cosechas con barricas y conos de madera.

—Ahora, si no tiene usted miedo, bajaremos a la cueva antigua —dijo Dorotea.

—Miedo, ¿de qué? —¡Ah! Es una cueva donde hay duendes, según dicen.

—Entonces hay que ir a saludarlos.

El mozo encendió un candil y abrió una puerta que daba al corral. Dorotea, la niña y Andrés le siguieron. Bajaron a la cueva por una escalera desmoronada. El techo rezumaba humedad. Al final de la escalera se abría una bóveda que daba paso a una verdadera catacumba húmeda, fría, larguísima, tortuosa. En el primer trozo de esta cueva había una serie de tinajones empotrados a medias en la pared; en el segundo, de techo más bajo, se veían las tinajas de Colmenar, altas, enormes, en fila, y a su lado las hechas en el Toboso, pequeñas, llenas de mugre, que parecían viejas gordas y grotescas. La luz del candil, al iluminar aquel antro, parecía agrandar y achicar alternativamente el vientre abultado de las vasijas. Se explicaba que la fantasía de la gente hubiese transformado en duendes aquellas ánforas vinarias, de las cuales, las ventrudas y abultadas tinajas toboseñas, parecían enanos; y las altas y airosas fabricadas en Colmenar tenían aire de gigantes. Todavía en el fondo se abría un anchurón con doce grandes tinajones. Este hueco se llamaba la Sala de los Apóstoles. El mozo aseguró que en aquella cueva se habían encontrado huesos humanos, y mostró en la pared la huella de una mano que él suponía era de sangre.

—Si a don Andrés le gustara el vino —dijo Dorotea—, le daríamos un vaso de este añejo que tenemos en la solera.

—No, no; guárdelo usted para las grandes fiestas.

Días después comenzó la vendimia. Andrés se acercó al lagar, y el ver aquellos hombres sudando y agitándose en el rincón bajo de techo, le produjo una impresión desagradable. No creía que esta labor fuera tan penosa. Andrés recordó a Iturrioz, cuando decía que sólo lo artificial es bueno, y pensó que tenía razón. Las decantadas labores rurales, motivo de inspiración para los poetas, le parecían estúpidas y bestiales. ¡Cuánto más hermosa, aunque estuviera fuera de toda idea de belleza tradicional, la función de un motor eléctrico, que no este trabajo muscular, rudo, bárbaro y mal aprovechado!

VI.- Tipos de casino

Al llegar el invierno, las noches largas y frías hicieron a Hurtado buscar un refugio fuera de casa, donde distraerse y pasar el tiempo. Comenzó a ir al casino de Alcolea. Este casino, "La Fraternidad", era un vestigio del antiguo esplendor del pueblo; tenía salones inmensos, mal decorados, espejos de cuerpo entero, varias mesas de billar y una pequeña biblioteca con algunos libros. Entre la generalidad de los tipos vulgares, oscuros, borrosos que iban al casino a leer los periódicos y hablar de política, había dos personajes verdaderamente pintorescos.

Uno de ellos era el pianista; el otro, un tal don Blas Carreño, hidalgo acomodado de Alcolea.Andrés llegó a intimar bastante con los dos. El pianista era un viejo flaco, afeitado, de cara estrecha, larga y anteojos de gruesaslentes. Vestía de negro y accionaba al hablar de una manera un tanto afeminada. Era al mismo tiempo organista de la iglesia, lo que le daba cierto aspecto eclesiástico.

El otro señor, don Blas Carreño, también era flaco; pero más alto, de nariz aguileña, pelo entrecano, tez cetrina y aspecto marcial. Este buen hidalgo había llegado a identificarse con la vida antigua y a convencerse de que la gente discurría y obraba como los tipos de las obras españolas clásicas, de tal manera, que había ido poco a poco arcaizando su lenguaje, y entre burlas y veras hablaba con el alambicamiento de los personajes de Feliciano de Silva, que tanto encantaba a Don Quijote.

El pianista imitaba a Carreño y le tenía como modelo. Al saludar a Andrés, le dijo:

—Este mi señor don Blas, querido y agareno amigo, ha tenido la dignación de presentarme a su merced como un hijo predilecto de Euterpe; pero no soy, aunque me pesa, y su merced lo habrá podido comprobar con el arrayán de su buen juicio, más que un pobre, cuanto humilde aficionado al trato de las Musas, que labora con estas sus torpes manos en amenizar las veladas de los socios, en las frigidísimas noches del helado invierno.

Don Blas escuchaba a su discípulo sonriendo. Andrés, al oír a aquel señor expresarse así, creyó que se trataba de un loco; pero luego vio que no, que el pianista era una persona de buen sentido. Únicamente ocurría, que tanto don Blas como él, habían tomado la costumbre de hablar de esta manera enfática y altisonante hasta familiarizarse con ella. Tenían frases hechas, que las empleaban a cada paso: el ascua de la inteligencia, la flecha de la sabiduría, el collar de perlas de las observaciones juiciosas, el jardín del buen decir... Don Blas le invitó a Hurtado a ir a su casa y le mostró su biblioteca con varios armarios llenos de libros españoles y latinos. Don Blas la puso a disposición del nuevo médico.

—Si alguno de estos libros le interesa a usted, puede usted llevárselo —le dijo Carreño.

—Ya aprovecharé su ofrecimiento.

Don Blas era para Andrés un caso digno de estudio. A pesar de su inteligencia no notaba lo que pasaba a su alrededor; la crueldad de la vida en Alcolea, la explotación inicua de los miserables por los ricos, la falta de instinto social, nada de esto para él existía, y

si existía tenía un carácter de cosa libresca, servía para decir:

—Dice Scaligero... o: Afirma Huarte en su "Examen de ingenios"...

Don Blas era un hombre extraordinario, sin nervios; para él no había calor, ni frío, placer ni dolor. Una vez dos socios del casino le gastaron una broma trascendental; le llevaron a cenar a una venta y le dieron a propósito unas migas detestables, que parecían de arena, diciéndole que eran las verdaderas migas del país, y don Blas las encontró tan excelentes y las elogió de tal modo y con tales hipérboles, que llegó a convencer a sus amigos de su bondad. El manjar más insulso, si se lo daban diciendo que estaba hecho con una receta antigua y que figuraba en "La Lozana Andaluza", le parecía maravilloso. En su casa gozaba ofreciendo a sus amigos sus golosinas.

—Tome usted esos melindres, que me han traído expresamente de Yepes...; esta agua no la beberá usted en todas partes, es de la fuente del Maillo.

Don Blas vivía en plena arbitrariedad; para él había gente que no tenía derecho a nada; en cambio otros lo merecían todo. ¿Por qué? Probablemente porque sí. Decía don Blas que odiaba a las mujeres, que le habían engañado siempre; pero no era verdad; en el fondo esta actitud suya servía para citar trozos de Marcial, de Juvenal, de Quevedo... A sus criados y labriegos don Blas les llamaba galopines, bellacos, follones, casi siempre sin motivo, sólo por el gusto de emplear estas palabras quijotescas.

Otra cosa que le encantaba a don Blas era citar los pueblos con sus nombres antiguos: Estábamos una vez en Alcázar de San Juan, la antigua Alce... En Baeza, la Biatra de

Ptolomeo, nos encontramos un día... Andrés y don Blas se asombraban mutuamente. Andrés se decía:

—¡Pensar que este hombre y otros muchos como él viven en esta mentira, envenenados con los restos de una literatura, y de una palabrería amanerada es verdaderamente extraordinario! En cambio, don Blas miraba a Andrés sonriendo, y pensaba: ¡Qué hombre más raro! Varias veces discutieron acerca de religión, de política, de la doctrina evolucionista. Estas cosas del darwinismo como decía él, le parecían a don Blas cosas inventadas para divertirse. Para él los datos comprobados no significaban nada. Creía en el fondo que se escribía para demostrar ingenio, no para exponer ideas con claridad, y que la investigación de un sabio se echaba abajo con una frase graciosa. A pesar de su divergencia, don Blas no le era antipático a Hurtado. El que sí le era antipático e insoportable era un jovencito, hijo de un usurero, que en Alcolea pasaba por un prodigio, y que iba con frecuencia al casino. Este joven, abogado, había leído algunas revistas francesas reaccionarias, y se creía en el centro del mundo. Decía que él contemplaba todo con una sonrisa irónica y piadosa. Creía también que se podía hablar de filosofía empleando los lugares comunes del casticismo español, y que Balmes era un gran filósofo. Varias veces el joven, que contemplaba todo con una sonrisa irónica y piadosa, invitó a Hurtado a discutir; pero Andrés rehuyó la discusión con aquel hombre que, a pesar de su barniz de cultura, le parecía de una imbecilidad fundamental. Esta sentencia de Demócrito, que había leído en la Historia del Materialismo de Lange, le parecía a Andrés muy exacta. El que ama la contradicción y la verbosidad, es incapaz de aprender nada que sea serio.

VII.- Sexualidad y pornografía

En el pueblo, la tienda de objetos de escritorio era al mismo tiempo librería y centro de suscripciones. Andrés iba a ella a comprar papel y algunos periódicos. Un día le chocó ver que el librero tenía quince a veinte tomos con una cubierta en donde aparecía una mujer desnuda. Eran de estas novelas a estilo francés; novelas pornográficas, torpes, con cierto barniz psicológico hechas para uso de militares, estudiantes y gente de poca mentalidad.

—¿Es que eso se vende? —le preguntó Andrés al librero.

—Sí; es lo único que se vende.

El fenómeno parecía paradójico y sin embargo era natural. Andrés había oído a su tío Iturrioz que, en Inglaterra, en donde las costumbres eran interiormente de una libertad extraordinaria, libros, aun los menos sospechosos de libertinaje, estaban prohibidos, y las novelas que las señoritas francesas o españolas leían delante de sus madres, allí se consideraban nefandas. En Alcolea sucedía lo contrario; la vida era de una moralidad terrible; llevarse a una mujer sin casarse con ella, era más difícil que raptar a la Giralda de Sevilla a las doce del día; pero en cambio se leían libros pornográficos de una pornografía grotesca por lo trascendental. Todo esto era lógico. En Londres, al agrandarse la vida sexual por la libertad de costumbres, se achicaba la pornografía; en Alcolea, al achicarse la vida sexual, se agrandaba la pornografía.

—Qué paradoja ésta de la sexualidad —pensaba Andrés al ir a su casa—. En los países donde la vida es intensamente sexual no existen motivos de lubricidad; en cambio en aquellos pueblos como Alcolea, en donde la vida sexual era tan mezquina y pobre, las alusiones eróticas a la vida del sexo estaban en todo. Y era natural, era en el fondo un fenómeno de compensación.

VIII.- El dilema

Poco a poco y sin saber cómo, se formó alrededor de Andrés una mala reputación; se le consideraba hombre violento, orgulloso, mal intencionado, que se atraía la antipatía de todos. Era un demagogo, malo, dañino, que odiaba a los ricos y no quería a los pobres. Andrés fue notando la hostilidad de la gente de

l casino y dejó de frecuentarlo. Al principio se aburría. Los días iban sucediéndose a los días y cada uno traía la misma desesperanza, la seguridad de no saber qué hacer, la seguridad de sentir y de inspirar antipatía, en el fondo sin motivo, por una mala inteligencia. Se había decidido a cumplir sus deberes de médico al pie de la letra. Llegar a la abstención pura, completa, en la pequeña vida social de Alcolea, le parecía la perfección. Andrés no era de estos hombres que consideran el leer como un sucedáneo de vivir; él leía porque no podía vivir. Para alternar con esta gente del casino, estúpida y mal intencionada, prefería pasar el tiempo en su cuarto, en aquel mausoleo blanqueado y silencioso. ¡Pero con qué gusto hubiera cerrado los libros si hubiera habido algo importante que hacer; algo como pegarle fuego al pueblo o reconstruirlo! La inacción le irritaba.

De haber caza mayor, le hubiera gustado marcharse al campo; pero para matar conejos, prefería quedarse en casa.

Sin saber qué hacer, paseaba como un lobo por aquel cuarto. Muchas veces intentó dejar de leer estos libros de filosofía. Pensó que quizá le irritaban. Quiso cambiar de lecturas. Don Blas le prestó una porción de libros de historia. Andrés se convenció de que la historia es una cosa vacía.

Creyó como Schopenhauer que el que lea con atención "Los Nueve Libros de Herodoto", tiene todas las combinaciones posibles de crímenes, destronamientos, heroísmos e injusticias, bondades y maldades que puede suministrar la historia. Intentó también un estudio poco humano y trajo de Madrid y comenzó a leer un libro de astronomía, la Guía del Cielo de Klein, pero le faltaba la base de las matemáticas y pensó que no tenía fuerza en el cerebro para dominar esto. Lo único que aprendió fue el plano estelar. Orientarse en ese infinito de puntos luminosos, en donde brillan como dioses Arturus y Vega, Altair y Aldebarán era para él una voluptuosidad algo triste; recorrer con el pensamiento esos cráteres de la Luna y el mar de la Serenidad; leer esas hipótesis acerca de la Vía Láctea y de su movimiento alrededor de ese supuesto sol central que se llama Alción y que está en el grupo de las Pléyades, le daba el vértigo. Se le ocurrió también escribir; pero no sabía por dónde empezar, ni manejaba suficientemente el mecanismo del lenguaje para expresarse con claridad.

Todos los sistemas que discurría para encauzar su vida dejaban precipitados insolubles, que demostraban el error inicial de sus sistemas. Comenzaba a sentir una irritación profunda contra todo. A los ocho o nueve meses de vivir así excitado y aplanado al mismo tiempo, empezó a padecer dolores articulares; además el pelo se le caía muy abundantemente.

—Es la castidad —se dijo.

Era lógico; era un neuroartrítico. De chico, su artritismo se había manifestado por jaquecas y por tendencia hipocondríaca. Su estado artrítico se exacerbaba. Se iban acumulando en el organismo las sustancias de desecho y esto tenía que engendrar productos de oxidación incompleta, el ácido úrico sobre todo. El diagnóstico lo consideró como exacto; el tratamiento era lo difícil. Este dilema se presentaba ante él. Si quería vivir con una mujer tenía que casarse, someterse. Es decir, dar por una cosa de la vida toda su independencia espiritual, resignarse a cumplir obligaciones y deberes sociales, a guardar consideraciones a un suegro, a una suegra, a un cuñado; cosa que le horrorizaba. Seguramente entre aquellas muchachas de Alcolea, que no salían más que los domingos a la iglesia, vestidas como papagayos, con un mal gusto exorbitante, había algunas, quizá muchas, agradables, simpáticas. ¿Pero quién las conocía? Era casi imposible hablar con ellas. Solamente el marido podría llegar a saber su manera de ser y de sentir. Andrés se hubiera casado con cualquiera, con una muchacha sencilla; pero no sabía dónde encontrarla. Las dos señoritas que trataba un poco eran la hija del médico Sánchez y la del secretario. La hija de Sánchez quería ir monja; la del secretario era de una cursilería verdaderamente venenosa; tocaba el piano muy mal, calcaba las laminitas del "Blanco y Negro" y luego las iluminaba, y tenía unas ideas ridículas y falsas de todo.

De no casarse Andrés podía transigir e ir con los perdidos del pueblo a casa de la Fulana o de la Zutana, a estas dos calles en donde las mujeres de vida airada vivían como en los antiguos burdeles medievales; pero esta promiscuidad era ofensiva para su orgullo. ¿Qué más triunfo para la burguesía local y más derrota para su personalidad si se hubiesen contado sus devaneos? No; prefería estar enfermo. Andrés decidió limitar la alimentación, tomar sólo vegetales y no probar la carne, ni el vino, ni el café. Varias horas después de comer y de cenar bebía grandes cantidades de agua. El odio contra el espíritu del pueblo le sostenía en su lucha secreta, era uno de esos odios profundos, que llegan a darserenidad al que lo siente, un desprecio épico y altivo. Para él no había burlas, todas resbalaban por su coraza de impasibilidad. Algunas veces pensaba que esta actitud no era lógica. ¡Un hombre que quería ser de ciencia y se incomodaba porque las cosas no eran como él hubiese deseado! Era absurdo. La tierra allí era seca; no había árboles, el clima era duro, la gente tenía que ser dura también.

La mujer del secretario del ayuntamiento y presidenta de la Sociedad del Perpetuo Socorro, le dijo un día:

—Usted, Hurtado, quiere demostrar que se puede no tener religión y ser más bueno que los religiosos.

—¿Más bueno, señora? —replicó Andrés—

. Realmente, eso no es difícil.

Al cabo de un mes del nuevo régimen, Hurtado estaba mejor; la comida escasa y sólo vegetal, el baño, el ejercicio al aire libre le iban haciendo un hombre sin nervios. Ahora se sentía como divinizado por su ascetismo, libre; comenzaba a vislumbrar ese estado de "ataraxia", cantado por los epicúreos y los pirronianos. Ya no experimentaba cólera por las cosas ni por las personas. Le hubiera gustado comunicar a alguien sus impresiones y pensó en escribir a Iturrioz; pero luego creyó que su situación espiritual era más fuerte siendo él sólo el único testigo de su victoria. Ya comenzaba a no tener espíritu agresivo. Se levantaba muy temprano, con la aurora, y paseaba por aquellos campos llanos, por los viñedos, hasta un olivar que él llamaba el trágico por su aspecto. Aquellos olivos viejos, centenarios, retorcidos, parecían enfermos atacados por el tétanos; entre ellos se levantaba una casa aislada y baja con bardales de cambroneras, y en el vértice de la colina había un molino de viento tan extraordinario, tan absurdo, con su cuerpo rechoncho y sus brazos chirriantes, que a

Andrés le dejaba siempre sobrecogido.

Muchas veces salía de casa cuando aún era de noche y veía la estrella del crepúsculo palpitar y disolverse como una perla en el horno de la aurora llena de resplandores.

Por las noches, Andrés se refugiaba en la cocina, cerca del fogón bajo. Dorotea, la vieja y la niña hacían sus labores al amor de la lumbre y Hurtado charlaba o miraba arder los sarmientos.

IX.- La mujer del tío Garrota

Una noche de invierno, un chico fue a llamar a Andrés; una mujer había caído a la calle y estaba muriéndose. Hurtado se embozó en la capa, y de prisa, acompañado del chico, llegó a una calle extraviada, cerca de una posada de arrieros que se llamaba el Parador de la Cruz. Se encontr con una mujer privada de sentido, y asistida por unos cuantos vecinos que formaban un grupo alrededor de ella. Era la mujer de un prendero llamado el tío Garrota; tenía la cabeza bañada en sangre y había perdido el conocimiento. Andrés hizo que llevaran a la mujer a la tienda y que trajeran una luz; tenía la vieja una conmoción cerebral. Hurtado le hizo una sangría en el brazo. Al principio la sangre negra, coagulada, no salía de la vena abierta; luego comenzó a brotar despacio; después más regularmente, y la mujer respiró con relativa facilidad.

En este momento llegó el juez con el actuario y dos guardias, y fue interrogando, primero a los vecinos y después a Hurtado.

—¿Cómo se encuentra esta mujer? —le dijo.

—Muy mal.

—¿Se podrá interrogarla?

—Por ahora, no; veremos si recobra el conocimiento.

—Si lo recobra avíseme usted en seguida. Voy a ver el sitio por donde se ha tirado y a interrogar al marido.

La tienda era una prendería repleta de trastos viejos que había por todos los rincones y colgaban del techo; las paredes estaban atestadas de fusiles y escopetas antiguas, sables y machetes. Andrés estuvo atendiendo a la mujer hasta que ésta abrió los ojos y pareció darse cuenta de lo que le pasaba.

—Llamadle al juez —dijo Andrés a los vecinos. El juez vino en seguida.

—Esto se complica —murmuró—; luego preguntó a Andrés: ¿Qué? ¿Entiende algo?

—Sí, parece que sí.

Efectivamente, la expresión de la mujer era de inteligencia.

—¿Se ha tirado usted, o la han tirado a usted desde la ventana? —preguntó el juez.

—¡Eh!—dijo ella.

—¿Quién la ha tirado?

—¡Eh!

—¿Quién la ha tirado?

—Garro… Garro… —murmuró la vieja haciendo un esfuerzo. El juez y el actuario y los guardias quedaron sorprendidos.

—Quiere decir Garrota —dijo uno.

—Sí, es una acusación contra él —dijo el juez—. ¿No le parece a usted, doctor?

—Parece que sí.

—¿Por qué le ha tirado a usted?

—Garro… Garro… —volvió a decir la vieja.

—No quiere decir más sino que es su marido —afirmó un guardia.

—No, no es eso —repuso Andrés—. La lesión la tiene en el lado izquierdo.

—¿Y eso qué importa? —preguntó el guardia.

—Cállese usted —dijo el juez—. ¿Qué supone usted, doctor?

—Supongo que esta mujer se encuentra en un estado de afasia. La lesión la tiene en el lado izquierdo del cerebro; probablemente la tercera circunvolución frontal, que se considera como un centro del lenguaje, estará lesionada. Esta mujer parece que entiende, pero no puede articular más que esa palabra. A ver, pregúntele usted otra cosa.

—¿Está usted mejor? —dijo el juez.

—¡Eh!

—¿Si está usted ya mejor?

—Garro… Garro… —contestó ella.

—Sí; dice a todo lo mismo —afirmó el juez.

—Es un caso de afasia o de sordera verbal —añadió Andrés.

—Sin embargo…, hay muchas sospechas contra el marido —replicó el actuario. Habían llamado al cura para sacramentar a la moribunda.

Le dejaron solo y Andrés subió con el juez. La prendería del tío Garrota tenía una escalera de caracol para el primer piso. Éste constaba de un vestíbulo, la cocina, dos alcobas y el cuarto desde donde se había tirado la vieja. En medio de este cuarto había un brasero, una badila sucia y una serie de manchas de sangre que seguían hasta la ventana.

—La cosa tiene el aspecto de un crimen —dijo el Juez.

—¿Cree usted? —preguntó Andrés.

—No, no creo nada; hay que confesar que los indicios se presentan como en una novela

policíaca para despistar a la opinión. Esta mujer que se le pregunta quién la ha tirado, y dice el nombre de su marido; esta badila llena de sangre; las manchas que llegan hasta la ventana, todo hace sospechar lo que ya han comenzado a decir los vecinos.

—¿Qué dicen?

—Le acusan al tío Garrota, al marido de esta mujer. Suponen que el tío Garrota y su mujer riñeron; que él le dio con la badila en la cabeza; que ella huyó a la ventana a pedir socorro, y que entonces él, agarrándola de la cintura, la arrojó a la calle.

—Puede ser.

—Y puede no ser.

Abonaba esta versión la mala fama del tío Garrota y su complicidad manifiesta en las muertes de dos jugadores, el Cañamero y el Pollo, ocurridas hacía unos diez años cerca de Daimiel.

—Voy a guardar esta badila —dijo el juez.

—Por si acaso no debían tocarla —repuso Andrés—; las huellas pueden servirnos de mucho. El juez metió la badila en un armario, lo cerró y llamó al actuario para que lo lacrase. Se cerró también el cuarto y se guardó la llave. Al bajar a la prendería Hurtado y el juez, la mujer del tío Garrota

319

había muerto.

El juez mandó que trajeran a su presencia al marido. Los guardias le habían atado las manos. El tío Garrota era un hombre ya viejo, corpulento, de mal aspecto, tuerto, de cara torva, llena de manchas negras, producidas por una perdigonada que le habían soltado hacía años en la cara. En el interrogatorio se puso en claro que el tío Garrota era borracho, y hablaba de matar a uno o de matar a otro con frecuencia. El tío Garrota no negó que daba malos tratos a su mujer; pero sí que la hubiese matado. Siempre concluía diciendo:

—Señor juez, yo no he matado a mi mujer. He dicho, es verdad, muchas veces que la iba a matar; pero no la he matado. El juez, después del interrogatorio, envió al tío Garrota incomunicado a la cárcel.

—¿Qué le parece a usted? —le preguntó el Juez a Hurtado.

—Para mí es una cosa clara; este hombre es inocente.

El juez, por la tarde fue a ver al tío Garrota a la cárcel, y dijo que empezaba a creer que el prendero no había matado a su mujer. La opinión popular quería suponer que Garrota era un criminal. Por la noche el doctor Sánchez aseguró en el casino que era indudable que el tío Garrota había tirado por la ventana a su mujer, y que el juez y Hurtado tendían a salvarle, Dios sabe por qué; pero que en la autopsia aparecería la verdad.

Al saberlo Andrés fue a ver al juez y le pidió nombrara a don Tomás Solana, el otro médico, como árbitro para presenciar la autopsia, por si acaso había divergencia entre el dictamen de Sánchez y el suyo. La autopsia se verificó al día siguiente por la tarde; se hizo una fotografía de las heridas de la cabeza producidas por la badila y se señalaron unos cardenales que tenía la mujer en el cuello.

Luego se procedió a abrir las tres cavidades y se encontró la fractura craneana, que cogía parte del frontal y del parietal y que había ocasionado la muerte. En los pulmones y en el cerebro aparecieron manchas de sangre, pequeñas y redondas. En la exposición de los datos de la autopsia estaban conformes los tres médicos; en su opinión, acerca de las causas de la muerte, divergían. Sánchez daba la versión popular. Según él, la interfecta, al sentirse herida en la cabeza por los golpes de la badila, corrió a la ventana a pedir socorro; allí una mano poderosa la sujetó por el cuello, produciéndole una contusión y un principio de asfixia que se evidenciaba en las manchas petequiales de los pulmones y del cerebro, y después, lanzada a la calle, había sufrido la conmoción cerebral y la fractura de cráneo, que le produjo la muerte. La misma mujer, en la agonía, había repetido el nombre del marido indicando quién era su matador.

Hurtado decía primeramente que las heridas de la cabeza eran tan superficiales que no estaban hechas por un brazo fuerte, sino por una mano débil y convulsa; que los cardenales del cuello procedían de contusiones anteriores al día de la muerte, y que respecto a las manchas de sangre en los pulmones y en el cerebro no eran producidas por un principio de asfixia, sino por el alcoholismo inveterado de la interfecta. Con estos datos, Hurtado aseguraba que la mujer, en un estado alcohólico, evidenciado por el aguardiente encontrado en su estómago, y presa de manía suicida, había comenzado a herirse ella misma con la badila en la cabeza, lo que explicaba la superficialidad de las heridas, que apenas interesaban el cuero cabelludo, y después, en vista del resultado negativo para producirse la muerte, había abierto la ventana y se había tirado de cabeza a la calle. Respecto a las palabras pronunciadas por ella, estaba claramente demostrado que al decirlas se encontraba en un estado afásico. Don Tomás, el médico aristócrata, en su informe hacía equilibrios, y en conjunto no decía nada.

Sánchez estaba en la actitud popular; todo el mundo creía culpable al tío Garrota, y algunos llegaban a decir que, aunque no lo fuera, había que castigarlo, porque era un desalmado capaz de cualquier fechoría.

El asunto apasionó al pueblo; se hicieron una porción de pruebas; se estudiaron las huellas frescas de sangre de la badila, y se vio no coincidían con los dedos del prendero; se hizo que un empleado de la cárcel, amigo suyo, le emborrachara y le sonsacara. El tío Garrota confesó su participación en las muertes del Pollo y del Cañamero; pero afirmó repetidas veces entre furiosos juramentos que no y que no. No tenía nada que ver en la muerte de su mujer, y aunque le condenaran por decir que no y le salvaran por decir que sí, diría que no, porque esa era la verdad. El juez, después de repetidos interrogatorios, comprendió la inocencia del prendero y lo dejó en libertad. El pueblo se consideró defraudado. Por indicios, por instinto, la gente adquirió la convicción de que el tío Garrota, aunque capaz de matar a su mujer, no la había matado; pero no quiso reconocer la probidad de Andrés y del juez. El periódico de la capital que defendía a los Mochuelos escribió un artículo con el título "¿Crimen o suicidio?", en el que suponía que la mujer del tío Garrota se había suicidado; en cambio, otro periódico de la capital, defensor de los Ratones, aseguró que se trataba de un crimen y que las influencias políticas habían salvado al prendero.

—Habrá que ver lo que habrán cobrado el médico y el juez —decía la gente. A Sánchez, en cambio, lo elogiaban todos.

—Ese hombre iba con lealtad.

—Pero no era cierto lo que decía —

replicaba alguno.

—Sí; pero él iba con honradez.

Y no había manera de convencer a la mayoría de otra cosa.

X.- Despedida

Andrés, que hasta entonces había tenido simpatía entre la gente pobre, vio que la simpatía se trocaba en hostilidad. En la primavera decidió marcharse y presentar la dimisión de su cargo. Un día de mayo fue el fijado para la marcha; se despidió de don Blas Carreño y del juez y tuvo un violento altercado con Sánchez, quien, a pesar de ver que el enemigo se le iba, fue bastante torpe para recriminarle con acritud. Andrés le contestó rudamente y dijo a su compañero unas cuantas verdades un poco explosivas. Por la tarde, Andrés preparó su equipaje y luego salió a pasear. Hacía un día tempestuoso con vagos relámpagos, que brillaban entre dos nubes. Al anochecer comenzó a llover y Andrés volvió a su casa.

Aquella tarde Pepinito, su hija y la abuela

habían ido al Maillo, un pequeño balneario próximo a Alcolea. Andrés acabó de preparar su equipaje. A la hora de cenar entró la patrona en su cuarto.

—¿Se va usted de verdad mañana, don Andrés?

—Sí.

—Estamos solos; cuando usted quiera cenaremos.

—Voy a terminar en un momento.

—Me da pena verle a usted marchar. Ya le teníamos a usted como de la familia.

—¡Qué se le va a hacer! Ya no me quieren en el pueblo.

—No lo dirá usted por nosotros.

—No, no lo digo por ustedes. Es decir, no lo digo por usted. Si siento dejar el pueblo, es más que nada por usted.

—¡Bah! Don Andrés.

—Créalo usted o no lo crea, tengo una gran opinión de usted. Me parece usted una mujer muy buena, muy inteligente…

—¡Por Dios, don Andrés, que me va usted a

confundir! —dijo ella riendo.

—Confúndase usted todo lo que quiera, Dorotea. Eso no quita para que sea verdad.

Lo malo que tiene usted...

—Vamos a ver lo malo... —replicó ella con seriedad fingida.

—Lo malo que tiene usted —siguió diciendo Andrés— es que está usted casada con un hombre que es un idiota, un imbécil petulante, que le hace sufrir a usted, y a quien yo como usted le engañaría con cualquiera.

—¡Jesús! ¡Dios mío! ¡Qué cosas me está usted diciendo!

—Son las verdades de la despedida... Realmente yo he sido un imbécil en no haberle hecho a usted el amor.

—¿Ahora se acuerda usted de eso, don Andrés?

—Sí, ahora me acuerdo. No crea usted que no lo he pensado otras veces; pero me ha faltado decisión. Hoy estamos solos en toda la casa. ¿No?

—Sí, estamos solos. Adiós, don Andrés; me

voy.

—No se vaya usted, tengo que hablarle.

Dorotea, sorprendida del tono de mando de Andrés, se quedó.

—¿Qué me quiere usted? —dijo.

—Quédese usted aquí conmigo.

—Pero yo soy una mujer honrada, don Andrés —replicó Dorotea con voz ahogada.

—Ya lo sé, una mujer honrada y buena, casada con un idiota. Estamos solos, nadie habría de saber que usted había sido mía. Esta noche para usted y para mí sería una noche excepcional, extraña...

—Sí, ¿y el remordimiento?

—¿Remordimiento?

Andrés, con lucidez, comprendió que no debía discutir este punto.

—Hace un momento no creía que le iba a usted a decir esto. ¿Por qué se lo digo? No sé.

Mi corazón palpita ahora como un martillo de fragua.

Andrés se tuvo que apoyar en el hierro de la

cama, pálido y tembloroso.

—¿Se pone usted malo? —murmuró Dorotea con voz ronca.

—No; no es nada.

Ella estaba también turbada, palpitante. Andrés apagó la luz y se acercó a ella. Dorotea no resistió. Andrés estaba en aquel momento en plena inconsciencia... Al amanecer comenzó a brillar la luz del día por entre las rendijas de las maderas. Dorotea se incorporó. Andrés quiso retenerla entre sus brazos.

—No, no —murmuró ella con espanto, y levantándose rápidamente huyó del cuarto.

Andrés se sentó en la cama atónito, asombrado de sí mismo. Se encontraba en un estado de irresolución completa; sentía en la espalda como si tuviera una plancha que le sujetara los nervios y tenía temor de tocar con los pies el suelo.

Sentado, abatido, estuvo con la frente apoyada en las manos, hasta que oyó el ruido del coche que venía a buscarle. Se levantó, se vistió y abrió la puerta antes que llamaran, por miedo al pensar en el ruido de la aldaba;

un mozo entró en el cuarto y cargó con el baúl y la maleta y los llevó al coche. Andrés se puso el gabán y subió a la diligencia, que comenzó a marchar por la carretera polvorienta.

—¡Qué absurdo! ¡Qué absurdo es todo esto! —exclamó luego—. Y se refería a su vida y a esta última noche tan inesperada, tan aniquiladora.

En el tren su estado nervioso empeoró. Se sentía desfallecido, mareado. Al llegar a Aranjuez se decidió a bajar del tren. Los tres días que pasó aquí tranquilizaron y calmaron sus nervios.

Sexta parte:
La experiencia en Madrid

I.- Comentario a lo pasado

A los pocos días de llegar a Madrid, Andrés se encontró con la sorpresa desagradable de que se iba a declarar la guerra a los Estados

Unidos. Había alborotos, manifestaciones en las calles, música patriótica a todo pasto. Andrés no había seguido en los periódicos aquella cuestión de las guerras coloniales; no sabía a punto fijo de qué se trataba. Su único criterio era el de la criada vieja de la Dorotea, que solía cantar a voz en grito mientras lavaba, esta canción:

Parece mentira que por unos mulatos
Estemos pasando tan malitos ratos.

A Cuba se llevan la flor de la España

Y aquí no se queda más que la morralla.

Todas las opiniones de Andrés acerca de la guerra estaban condensadas en este cantar de la vieja criada. Al ver el cariz que tomaba el asunto y la intervención de los Estados Unidos, Andrés quedó asombrado. En todas partes no se hablaba más que de la posibilidad del éxito o del fracaso. El padre de Hurtado creía en la victoria española; pero en una victoria sin esfuerzo; los yanquis, que eran todos vendedores de tocino, al ver a los primeros soldados españoles, dejarían las armas y echarían a correr. El hermano de

Andrés, Pedro, hacía vida de "sportman" y no le preocupaba la guerra; a Alejandro le pasaba lo mismo; Margarita seguía en Valencia. Andrés encontró un empleo en una consulta de enfermedades del estómago, sustituyendo a un médico que había ido al extranjero por tres meses. Por la tarde Andrés iba a la consulta, estaba allí hasta el anochecer, luego marchaba a cenar a casa y por la noche salía en busca de noticias. Los periódicos no decían más que necedades y bravuconadas; los yanquis no estaban preparados para la guerra; no tenían ni uniformes para sus soldados. En el país de las máquinas de coser el hacer unos cuantos uniformes era un conflicto enorme, según se decía en Madrid. Para colmo de ridiculez, hubo un mensaje de Castelar a los yanquis. Cierto que no tenía las proporciones bufo-grandilocuentes del manifiesto de Víctor Hugo a los alemanes para que respetaran París; pero era bastante para que los españoles de buen sentido pudieran sentir toda la vacuidad de sus grandes hombres. Andrés siguió los preparativos de la guerra con una emoción intensa. Los periódicos traían cálculos completamente falsos. Andrés llegó a creer que había alguna razón para los optimismos. Días antes de la derrota encontró a Iturrioz en la calle.

—¿Qué le parece a usted esto? —le preguntó.

—Estamos perdidos.

—¿Pero si dicen que estamos preparados?

—Sí, preparados para la derrota. Sólo a ese chino, que los españoles consideramos como el colmo de la candidez, se le pueden decir las cosas que nos están diciendo los periódicos.

—Hombre, yo no veo eso.

—Pues no hay más que tener ojos en la cara y comparar la fuerza de las escuadras.

Tú, fíjate; nosotros tenemos en Santiago de Cuba seis barcos viejos, malos y de poca velocidad; ellos tienen veintiuno, casi todos nuevos, bien acorazados y de mayor velocidad. Los seis nuestros, en conjunto, desplazan aproximadamente veintiocho mil toneladas; los seis primeros suyos sesenta mil. Con dos de sus barcos pueden echar a pique toda nuestra escuadra; con veintiuno no van a tener sitio dónde apuntar.

—¿De manera que usted cree que vamos a la derrota?

—No a la derrota, a una cacería. Si alguno de nuestros barcos puede salvarse será una gran cosa.

Andrés pensó que Iturrioz podía engañarse; pero pronto los acontecimientos le dieron la razón. El desastre había sido como decía él; una cacería, una cosa ridícula. A Andrés le indignó la indiferencia de la gente al saber la noticia. Al menos él había creído que el español, inepto para la ciencia y para la civilización, era un patriota exaltado y se encontraba que no; después del desastre de las dos pequeñas escuadras españolas en Cuba y en Filipinas, todo el mundo iba al teatro y a los toros tan tranquilo; aquellas manifestaciones y gritos habían sido espuma, humo de paja, nada. Cuando la impresión del desastre se le pasó, Andrés fue a casa de Iturrioz; hubo discusión entre ellos.

—Dejemos todo eso, ya que afortunadamente hemos perdido las colonias —dijo su tío—, y hablemos de otra cosa. ¿Qué tal te ha ido en el pueblo?

—Bastante mal.

—¿Qué te pasó? ¿Hiciste alguna barbaridad?

—No; tuve suerte. Como médico he quedado bien. Ahora, personalmente, he tenido poco éxito.

—Cuenta, veamos tu odisea en esa tierra de Don Quijote.

Andrés contó sus impresiones en Alcolea. Iturrioz le escuchó atentamente.

—¿De manera que allí no has perdido tu virulencia ni te has asimilado el medio?

—Ninguna de las dos cosas. Yo era allí una bacteridia colocada en un caldo saturado de ácido fénico.

—¿Y esos manchegos son buena gente?

—Sí, muy buena gente; pero con una moral imposible.

—Pero esa moral, ¿no será la defensa de la raza que vive en una tierra pobre y de pocos recursos?

—Es muy posible; pero si es así, ellos no se dan cuenta de este motivo.

—Ah, claro. ¿En dónde un pueblo del campo será un conjunto de gente con conciencia? ¿En Inglaterra, en Francia, en Alemania? En todas partes el hombre en su estado natural es un canalla, idiota y egoísta.

Si ahí en Alcolea es una buena persona, hay que decir que los alcoleanos son gente superior.

—No digo que no. Los pueblos como Alcolea están perdidos porque el egoísmo y el dinero no está repartido equitativamente; no lo tienen más que unos cuantos ricos; en cambio entre los pobres no hay sentido individual. El día que cada alcoleano se sienta a sí mismo y diga: no transijo, ese día el pueblo marchará hacia adelante.

—Claro; pero para ser egoísta hay que saber; para protestar hay que discurrir. Yo creo que la civilización le debe más al egoísmo que a todas las religiones y utopías filantrópicas. El egoísmo ha hecho el sendero, el camino, la calle, el ferrocarril, el barco, todo.

—Estamos conformes. Por eso indigna ver a esa gente, que no tiene nada que ganar con la maquinaria social que, a cambio de cogerle al hijo y llevarlo a la guerra, no les da más que miseria y hambre para la vejez, y que aun así la defienden.

—Eso tiene una gran importancia individual, pero no social.

Todavía no ha habido una sociedad que haya intentado un sistema de justicia distributiva, y, a pesar de eso, el mundo, no digamos que marcha, pero al menos se arrastra y las mujeres siguen dispuestas a tener hijos.

—Es imbécil.

—Amigo, es que la naturaleza es muy sabia. No se contenta sólo con dividir a los hombres en felices y en desdichados, en ricos y pobres, sino que da al rico el espíritu de la riqueza, y al pobre el espíritu de la miseria. Tú sabes cómo se hacen las abejas obreros; se encierra a la larva en un alveolo pequeño y se le da una alimentación deficiente. La larva ésta se desarrolla de una manera incompleta; es una obrera, una proletaria, que tiene el espíritu del trabajo y de la sumisión. Así sucede entre los hombres, entre el obrero y el militar, entre el rico y el pobre.

—Me indigna todo esto —exclamó Andrés.

—Hace unos años —siguió diciendo

Iturrioz— me encontraba yo en la isla de Cuba en un ingenio donde estaban haciendo la zafra.

Varios chinos y negros llevaban la caña en manojos a una máquina con grandes cilindros que la trituraba.

Contemplábamos el funcionamiento del aparato, cuando de pronto vemos a uno de los chinos que lucha arrastrado. El capataz blanco grita para que paren la máquina. El maquinista no atiende a la orden y el chino desaparece e inmediatamente sale convertido en una sábana de sangre y de huesos machacados. Los blancos que presenciábamos la escena nos quedamos consternados; en cambio los chinos y logros se reían. Tenían espíritu de esclavos.

—Es desagradable.

—Sí, como quieras; pero son los hechos y hay que aceptarlos y acomodarse a ellos.

Otra cosa es una simpleza. Intentar andar entre los hombres, en ser superior, como tú has querido hacer en Alcolea, es absurdo.

—Yo no he intentado presentarme como ser superior —replicó Andrés con viveza

—. Yo he ido en hombre independiente. A tanto trabajo, tanto sueldo. Hago lo que me encargan, me pagan, y ya está.

—Eso no es posible; cada hombre no es una estrella con su órbita independiente.

—Yo creo que el que quiere serlo lo es.

—Tendrá que sufrir las consecuencias.

—¡Ah, claro! Yo estoy dispuesto a sufrirlas. El que no tiene dinero paga su libertad con su cuerpo; es una onza de carne que hay que dar, que lo mismo le pueden sacar a uno del brazo que del corazón. El hombre de verdad busca antes que nada su independencia; se necesita ser un pobre diablo o tener alma de perro para encontrar mala la libertad. ¿Que no es posible? ¿Que el hombre no puede ser independiente como una estrella de otra? A esto no se puede decir más sino que es verdad, desgraciadamente.

—Veo que vienes lírico del pueblo.

—Será la influencia de las migas.

—O del vino manchego.

—No; no lo he probado.

—¿Y querías que tuvieran simpatía por ti y

despreciabas el producto mejor del pueblo? Bueno, ¿qué piensas hacer?

—Ver si encuentro algún sitio donde trabajar.

—¿En Madrid?

—Sí, en Madrid.

—¿Otra experiencia?

—Eso es, otra experiencia.

—Bueno, vamos ahora a la azotea.

II.- Los amigos

A principio de otoño, Andrés quedó sin nada que hacer. Don Pedro se había encargado de hablar a sus amigos influyentes, a ver si encontraban algún destino para su hijo. Hurtado pasaba las mañanas en la Biblioteca Nacional, y por las tardes y noches paseaba. Una noche, al cruzar por delante del teatro de Apolo, se encontró con Montaner.

—Chico, ¡cuánto tiempo! —exclamó el antiguo condiscípulo, acercándosele.

—Sí, ya hace algunos años que no nos hemos visto.

Subieron juntos la cuesta de la calle de Alcalá, y al llegar a la esquina de la de Peligros, Montaner insistió para que entraran en el café de Fornos.

—Bueno, vamos —dijo Andrés.

Era sábado y había gran entrada; las mesas estaban llenas; los trasnochadores, de vuelta de los teatros, se preparaban a cenar, y algunas busconas paseaban la mirada de sus ojos pintados por todo el ámbito de la sala. Montaner tomó ávidamente el chocolate que le trajeron, y después le preguntó a Andrés:

—¿Y tú?, ¿qué haces? —Ahora nada. He estado en un pueblo. ¿Y tú? ¿Concluiste la carrera?

—Sí, hace un año. No podía acabarla, por aquella chica que era mi novia. Me pasaba el día entero hablando con ella; pero los padres de la chica se la llevaron a Santander y la casaron allí. Yo entonces fui a Salamanca, y he estado hasta concluir la carrera.

—¿De manera que te ha convenido que casaran a la novia?

—En parte, sí. ¡Aunque para lo que me sirve el ser médico!

—¿No encuentras trabajo?

—Nada. He estado con Julio Aracil.

—¿Con Julio?

—Sí.

—¿De qué?

—De ayudante.

—¿Ya necesita ayudantes Julio?

—Sí; ahora ha puesto una clínica. El año pasado me prometió protegerme. Tenía una plaza en el ferrocarril, y me dijo que cuando no la necesitara me la cedería a mí.

—¿Y no te la ha cedido?

—No; la verdad es que todo es poco para sostener su casa.

—¿Pues qué hace? ¿Gasta mucho?

—Sí.

—Antes era muy roñoso.

—Y sigue siéndolo.

—¿No avanza?

—Como médico poco, pero tiene recursos:

el ferrocarril, unos conventos que visita; es también accionista de "La Esperanza", una sociedad de ésas, de médico, botica y entierro; y tiene participación en una funeraria.

—¿De manera que se dedica a la explotación de la caridad?

—Sí; ahora, además, como te decía, tiene una clínica que ha puesto con dinero del suegro. Yo he estado ayudándole; la verdad es que me ha cogido de primo; durante más de un mes he hecho de albañil, de carpintero, de mozo de cuerda y hasta de niñera; luego me he pasado en la consulta asistiendo a pobres, y ahora que la cosa empieza a marchar, me dice Julio que tiene que asociarse con un muchacho valenciano que se llama Nebot, que le ha ofrecido dinero, y que cuando me necesite me llamará.

—En resumen, que te ha echado.

—Lo que tú dices.

—¿Y qué vas a hacer?

—Voy a buscar un empleo cualquiera.

—¿De médico?

—De médico o de no médico. Me es igual.

—¿No quieres ir a un pueblo?

—No, no; eso nunca. Yo no salgo de Madrid.

—Y los demás, ¿qué han hecho? —preguntó Andrés—. ¿Dónde está aquel Lamela?

—En Galicia. Creo que no ejerce, pero vive bien. De Cañizo no sé si te acordarás...

—No.

—Uno que perdió curso en anatomía.

—No, no me acuerdo.

—Si lo vieras, te acordarías en seguida —repuso Montaner—. Pues este Cañizo es un hombre feliz; tiene un periódico de carnicería. Creo que es muy glotón, y el otro día me decía: "Chico, estoy muy contento; los carniceros me regalan lomo, me regalan filetes...

Mi mujer me trata bien; me da langosta algunos domingos".

—¡Qué animal!

—De Ortega sí te acordarás.

—¿Uno bajito, rubio?

—Sí.

—Me acuerdo.

—Ése estuvo de médico militar en Cuba, y se acostumbró a beber de una manera terrible. Alguna vez le he visto y me ha dicho: "Mi ideal es llegar a la cirrosis alcohólica y al generalato".

—De manera que nadie ha marchado bien de nuestros condiscípulos.

—Nadie o casi nadie, quitando a Cañizo con su periódico de carnicería, y con su mujer que los domingos le da langosta.

—Es triste todo eso. Siempre en este Madrid la misma interinidad, la misma angustia hecha crónica, la misma vida sin vida, todo igual.

—Sí; esto es un pantano —murmuró Montaner.

—Más que un pantano es un campo de ceniza. ¿Y Julio Aracil, vive bien?

—Hombre, según lo que se entienda por vivir bien.

—Su mujer, ¿cómo es?

—Es una muchacha vistosa, pero él la está prostituyendo.

—¿Por qué?

—Porque la va dando un aire de "cocotte". Él hace que se ponga trajes exagerados, la lleva a todas partes; yo creo que él mismo la ha aconsejado que se pinte. Y ahora prepara el golpe final. Va a llevar a ese Nebot, que es un muchacho rico, a vivir a su casa y va a ampliar la clínica. Yo creo que lo que anda buscando es que Nebot se entienda con su mujer.

—¿De veras?

—Sí. Ha mandado poner el cuarto de Nebot en el mejor sitio de la casa, cerca de la alcoba de su mujer.

—Demonio. ¿Es que no la quiere?

—Julio no quiere a nadie, se casó con ella por su dinero. Él tiene una querida que es una señora rica, ya vieja.

—¿De manera que en el fondo, marcha?

—¡Qué sé yo! Lo mismo puede hundirse que hacerse rico.

Era ya muy tarde y Montaner y Andrés

salieron del café y cada cual se fue a su casa. A los pocos días Andrés encontró a Julio Aracil que entraba en un coche.

—¿Quieres dar una vuelta conmigo? —le dijo Julio—. Voy al final del barrio de Salamanca, a hacer una visita.

—Bueno.

Entraron los dos en el coche.

—El otro día vi a Montaner —le dijo Andrés.

—¿Te hablaría mal de mí? Claro. Entre amigos es indispensable.

—Sí parece que no está muy contento de ti.

—No me choca. La gente tiene una idea estúpida de las cosas —dijo Aracil con voz colérica—.

No quisiera más que tratar con egoístas absolutos, completos, no con gente sentimental que le dice a uno con las lágrimas en los ojos: Toma este pedazo de pan duro, al que no le puedo hincar el diente, y a cambio convídame a cenar todos los días en el mejor hotel.

Andrés se echó a reír

—La familia de mi mujer es también de las que tienen una idea imbécil de la vida

—siguió diciendo Aracil—. Constantemente me están poniendo obstáculos.

—¿Por qué? —Nada. Ahora se les ocurre decir que el socio que tengo en la clínica le hace el amor a mi mujer y que no le debo tener en casa. Es ridículo. ¿Es que voy a ser un Otelo? No; yo le dejo en libertad a mi mujer. Concha no me ha de engañar. Yo tengo confianza en ella.

—Haces bien.

—No sé qué idea tienen de las cosas — siguió diciendo Julio— estas gentes chapadas a la antigua, como dicen ellos. Porque yo comprendo un hombre como tú que es un puritano. ¡Pero ellos! Que me presentara yo mañana y dijera: Estas visitas, que he hecho a don Fulano o a doña Zutana, no las he querido cobrar porque, la verdad, no he estado acertado… ¡toda la familia me pondría de imbécil hasta las narices!

—¡Ah! No tiene duda.

—Y si es así, ¿a qué se vienen con esas

moralidades ridículas?

—¿Y qué te pasa para necesitar socio? ¿Gastas mucho?

—Mucho; pero todo el gasto que llevo es indispensable. Es la vida de hoy que lo exige. La mujer tiene que estar bien, ir a la moda, tener trajes, joyas…

Se necesita dinero, mucho dinero para la casa, para la comida, para la modista, para el sastre, para el teatro, para el coche; yo busco como puedo ese dinero.

—¿Y no te convendría limitarte un poco? —le preguntó Andrés.

—¿Para qué? ¿Para vivir cuando sea viejo? No, no; ahora mejor que nunca.

Ahora que es uno joven.

—Es una filosofía; no me parece mal, pero vas a inmoralizar tu casa.

—A mí la moralidad no me preocupa — replicó Julio—. Aquí, en confianza, te diré que una mujer honrada me parece uno de los productos más estúpidos y amargos de la vida.

—Tiene gracia.

—Sí, una mujer que no sea algo coqueta no me gusta. Me parece bien que gaste, que se adorne, que se

luzca. Un marqués, cliente mío, suele decir: Una mujer elegante debía tener más de un marido. Al oírle todo el mundo se ríe.

—¿Y por qué?

—Porque su mujer, como marido no tiene más que uno; pero, en cambio, amantes tiene tres.

—¿A la vez?

—Sí, a la vez; es una señora muy liberal.

—Muy liberal y conservadora, si los amantes le ayudan a vivir.

—Tienes razón, se le puede llamar liberal-conservadora. Llegaron a la casa del cliente.

—¿Adónde quieres ir tú? —le preguntó Julio.

—A cualquier lado. No tengo nada que hacer.

—¿Quieres que te dejen en la Cibeles?

—Bueno.

—Vaya usted a la Cibeles y vuelva —le

dijo Julio al cochero.

Se despidieron los dos antiguos condiscípulos y Andrés pensó que por mucho que subiera su compañero no era cosa de envidiarle.

III.- Fermín Ibarra

Unos días después, Hurtado se encontró en la calle con Fermín Ibarra. Fermín estaba desconocido; alto, fuerte, ya no necesitaba bastón para andar.

—Un día de éstos me voy —le dijo Fermín.

—¿A dónde?

—Por ahora, a Bélgica; luego, ya veré. No pienso estar aquí; probablemente no volveré.

—¿No? —No. Aquí no se puede hacer nada; tengo dos o tres patentes de cosas pensadas por mí, que creo que están bien; en Bélgica me las iban a comprar, pero yo he querido hacer primero una prueba en España, y me voy desalentado, descorazonado; aquí no se puede hacer nada.

—Eso no me choca —dijo Andrés—, aquí

no hay ambiente para lo que tú haces.

—Ah, claro —repuso Ibarra—. Una invención supone la recapitulación, la síntesis de las fasesde un descubrimiento; una invención es muchas veces una consecuencia tan fácil de los hechos anteriores, que casi se puede decir que se desprende ella sola sin esfuerzo. ¿Dónde se va a estudiar en España el proceso evolutivo de un descubrimiento?

¿Con qué medios? ¿En qué talleres? ¿En qué laboratorios?

—En ninguna parte.

—Pero en fin, a mí esto no me indigna —añadió Fermín—, lo que me indigna es la suspicacia, la mala intención, la petulancia de esta gente... Aquí no hay más que chulos y señoritos juerguistas. El chulo domina desde los Pirineos hasta Cádiz...; políticos, militares, profesores, curas, todos son chulos con un yo hipertrofiado.

—Sí, es verdad.

—Cuando estoy fuera de España —siguió diciendo Ibarra— quiero convencerme de que nuestro país no está muerto para la civilización; que aquí se discurre y se piensa, pero cojo un periódico español y me da asco; no habla más que de políticos y de toreros. Es una vergüenza. Fermín Ibarra contó sus gestiones en Madrid, en Barcelona, en Bilbao. Había millonarios que le habían dicho que él no podía exponer dinero sin base; que después de hechas las pruebas con éxito, no tendría inconveniente en dar dinero al cincuenta por ciento.

—El capital español está en manos de la canalla más abyecta —concluyó diciendo Fermín.

Unos meses después, Ibarra le escribía desde Bélgica, diciendo que le habían hecho jefe de un taller y que sus empresas iban adelante.

IV.- Encuentro con Lulú

Un amigo del padre de Hurtado, alto empleado en Gobernación había prometido encontrar un destino para Andrés. Este señor vivía en la calle de San Bernardo. Varias veces estuvo Andrés en su casa, y siempre le decía que no había nada; un día le dijo:

—Lo único que podemos darle a usted es una plaza de médico de higiene que va a haber vacante.

Diga usted si le conviene y, si le conviene, le tendremos en cuenta.

—Me conviene.

—Pues ya le avisaré a tiempo.

Este día, al salir de casa del empleado, en la calle Ancha esquina a la del Pez, Andrés Hurtado se encontró con Lulú. Estaba igual que antes; no había variado nada. Lulú se turbó un poco al ver a Hurtado, cosa rara en ella. Andrés la contempló con gusto. Estaba con su mantillita, tan fina, tan esbelta, tan graciosa. Ella le miraba, sonriendo un poco ruborizada.

—Tenemos mucho que hablar —le dijo Lulú—; yo me estaría charlando con gusto con usted, pero tengo que entregar un encargo. Mi madre y yo solemos ir los sábados al café de la Luna. ¿Quiere usted ir por allá?

—Sí, iré.

—Vaya usted mañana que es sábado. De nueve y media a diez. No falte usted,

¿eh?

—No, no faltaré.

Se despidieron, y Andrés, al día siguiente por la noche, se presentó en el café de la Luna.

Estaban doña Leonarda y Lulú en compañía de un señor de anteojos, joven. Andrés saludó a la madre, que le recibió secamente, y se sentó en una silla lejos de Lulú.

—Siéntese usted aquí —dijo ella haciéndole sitio en el diván. Se sentó Andrés cerca de la muchacha.

—Me alegro mucho que haya usted venido —dijo Lulú—; tenía miedo de que no quisiera usted venir.

—¿Por qué no había de venir?

—¡Como es usted tan así!

—Lo que no comprendo es por qué han elegido ustedes este café. ¿O es que ya no viven allí en la calle del Fúcar?

—¡Ca, hombre! Ahora vivimos aquí en la calle del Pez. ¿Sabe usted quién nos resolvió la vida de plano?

—¿Quién?

—Julio.

—¿De veras?

—Sí.

—Ya ve usted cómo no es tan mala persona como usted decía.

—Oh, igual; lo mismo que yo creía o peor. Ya se lo contaré a usted. ¿Y usted qué ha hecho?

¿Cómo ha vivido? Andrés contó rápidamente su vida y sus luchas en Alcolea.

—¡Oh! ¡Qué hombre más imposible es usted! —exclamó Lulú—. ¡Qué lobo! El señor de los anteojos, que estaba de conversación con doña Leonarda, al ver que Lulú no dejaba un momento de hablar con Andrés, se levantó y se fue.

—Lo que es si a usted le importa algo por Lulú, puede usted estar satisfecho — dijo doña Leonarda con tono desdeñoso y agrio.

—¿Por qué lo dice usted? —preguntó Andrés.

—Porque ésta le tiene a usted un cariño verdaderamente raro. Y la verdad, no sé por qué.

—Yo tampoco sé que a las personas se les tenga cariño por algo —replicó Lulú vivamente—; se las quiere o no se las quiere; nada más.

Doña Leonarda, con un mohín despectivo, cogió el periódico de la noche y se puso a leerlo. Lulú siguió hablando con Andrés.Cuando concluyó la carrera comenzó a huir el bulto y a no aparecer por casa. Yo me enteré, y supe que estaba haciendo el amor a una señorita de buena posición. Llamé a Julio y hablamos; me dijo claramente que no pensaba casarse con Niní.

—¿Así, sin ambages?

—Sí; que no le convenía; que sería para él un engorro casarse con una mujer pobre.

Yo me quedé tranquila y le dije: Mira, yo quisiera que tú mismo fueras a ver a don Prudencio y le advirtieras eso. ¿Qué quieres que le advierta? —me preguntó él—. Pues nada; que no te casas con Niní porque no tienes medios; en fin, por las razones que me has dado.

—Se quedaría atónito —exclamó Andrés—, porque él pensaba que el día que lo dijera iba a haber un cataclismo en la familia.

—Se quedó helado, en el mayor asombro. Bueno, bueno —dijo—, iré a verle y se lo diré. Yo le comuniqué la noticia a mi madre, que pensó hacer algunas tonterías, pero que no las hizo; luego se lo dije a Niní, que lloró y quiso tomar venganza. Cuando se tranquilizaron las dos, le dije a Niní que vendría don Prudencio y que yo sabía que a don Prudencio le gustaba ella y que la salvación estaba en don Prudencio. Efectivamente, unos días después, vino don Prudencio en actitud diplomática; habló de que, si Julio no encontraba destino, de que si no le convenía ir a un pueblo... Niní estuvo admirable. Desde entonces, yo ya no creo en las mujeres.

—Esa declaración tiene gracia —dijo Andrés.

—Es verdad —replicó Lulú—, porque mire usted que los hombres son mentirosos, pues las mujeres todavía son más. A los pocos días don Prudencio se presenta en casa; habla a Niní y a mamá, y boda. Y allí le hubiera usted visto a Julio unos días después en casa, que fue a devolver las cartas a Niní, con la risa del conejo cuando mamá le decía con la boca llena que don Prudencio tenía tantos miles de duros y una finca aquí y otra allí...

—Le estoy viendo a Julio con esa tristeza que le da pensar que los demás tienen dinero.

—Sí, estaba frenético. Después del viaje de boda don Prudencio me preguntó:

—¿Tú qué quieres? ¿Vivir con tu hermana y conmigo o con tu madre? — Yo le dije: Casarme no me he de casar; estar sin trabajar tampoco me gusta; lo que preferiría es tener una tiendecita de confecciones de ropa blanca y seguir trabajando. —Pues nada, lo que necesites dímelo. Y puse la tienda.

—¿Y la tiene usted?

—Sí; aquí en la calle del Pez. Al principio mi madre se opuso, por esas tonterías de que si mi padre había sido esto o lo otro. Cada uno vive como puede. ¿No es verdad?

—Claro. ¡Qué cosa más digna que vivir del trabajo!

Siguieron hablando Andrés y Lulú largo

rato. Ella había localizado su vida en la casa de la calle del Fúcar, de tal manera que sólo lo que se relacionaba con aquel ambiente le interesaba. Pasaron revista a todos los vecinos y vecinas de la casa.

—¿Se acuerda usted de aquel don Cleto el viejecito? —le preguntó Lulú.

—Sí; ¿qué hizo?

—Murió el pobre…, me dio una pena.

—¿Y de qué murió?

—De hambre. Una noche entramos la Venancia y yo en su cuarto, y estaba acabando, y él decía con aquella vocecita que tenía: —No, si no tengo nada; no se molesten ustedes; un poco de debilidad nada más— y se estaba muriendo.

A la una y media de la noche doña Leonarda y Lulú se levantaron, y Andrés las acompañó hasta la calle del Pez.

—¿Vendrá usted por aquí? —le dijo Lulú.

—Sí; ¡ya lo creo!

—Algunas veces suele venir Julio también.

—¿No le tiene usted odio?

—¿Odio? Más que odio siento por él desprecio, pero me divierte, me parece entretenido, como si viera un bicho malo metido debajo de una copa de cristal.

V.- Médico de higiene

A los pocos días de recibir el nombramiento de médico de higiene y de comenzar a desempeñar el cargo, Andrés comprendió que no era para él. Su instinto antisocial se iba aumentando, se iba convirtiendo en odio contra el rico, sin tener simpatía por el pobre.

—¡Yo que sento este desprecio por la sociedad —se decía a sí mismo—, teniendo que reconocer y dar patentes a las prostitutas! ¡Yo que me alegraría que cada una de ellas llevara una toxina que envenenara a doscientos hijos de familia! Andrés se quedó en el destino, en parte por curiosidad, en parte también para que el que se lo había dado no le considerara como un fatuo.

El tener que vivir en este ambiente le hacía daño. Ya no había en su vida nada sonriente, nada amable; se encontraba como un hombre desnudo que tuviera que andar atravesando zarzas. Los dos polos de su alma eran un estado de amargura, de sequedad, de acritud, y un sentimiento de depresión y de tristeza. La irritación le hacía ser en sus palabras violento y brutal. Muchas veces a alguna mujer que iba al Registro le decía:

—¿Estás enferma?

—Sí.

—¿Tú qué quieres, ir al hospital o quedarte libre?

—Yo prefiero quedarme libre.

—Bueno. Haz lo que quieras; por mí puedes envenenar medio mundo; me tiene sin cuidado.

En ocasiones, al ver estas busconas que venían escoltadas por algún guardia, riendo, las increpaba:

—No tenéis odio siquiera.

Tened odio; al menos viviréis más tranquilas.

Las mujeres le miraban con asombro. Odio, ¿por qué?, se preguntaría alguna de ellas.

Como decía Iturrioz: la naturaleza era muy sabia; hacía el esclavo, y le daba el espíritu de la esclavitud; hacía la prostituta, y le daba el espíritu de la prostitución. Este triste proletariado de la vida sexual tenía su honor de cuerpo. Quizás lo tienen también en la oscuridad de lo inconsciente las abejas obreras y los pulgones, que sirven de vacas a las hormigas. De la conversación con aquellas mujeres sacaba Andrés cosas extrañas.

Entre los dueños de las casas de lenocinio había personas decentes: un cura tenía dos, y las explotaba con una ciencia evangélica completa. ¡Qué labor más católica, más conservadora podía haber, que dirigir una casa de prostitución! Solamente teniendo al mismo tiempo una plaza de toros y una casa de préstamos podía concebirse algo más perfecto. De aquellas mujeres, las libres iban al registro, otras se sometían al reconocimiento en sus casas. Andrés tuvo que ir varias veces a hacer estas visitas domiciliarias. En alguna de aquellas casas de prostitución distinguidas encontraba señoritos de la alta sociedad, y era un contraste interesante ver estas mujeres de cara cansada, llena de polvos de arroz, pintadas, dando muestras de una alegría ficticia, al lado de gomosos fuertes, de vida higiénica, rojos, membrudos por el "sport". Espectador de la iniquidad social, Andrés reflexionaba acerca de los mecanismos que van produciendo esas lacras: el presidio, la miseria, la prostitución.

—La verdad es que si el pueblo lo comprendiese —pensaba Hurtado—, se mataría por intentar una revolución social, aunque ésta no sea más que una utopía, un sueño.

Andrés creía ver en Madrid la evolución progresiva de la gente rica que iba hermoseándose, fortificándose, convirtiéndose en casta; mientras el pueblo evolucionaba a la inversa, debilitándose, degenerando cada vez más. Estas dos evoluciones paralelas eran sin duda biológicas; el pueblo no llevaba camino de cortar los jarretes de la burguesía, e incapaz de luchar, iba cayendo en el surco. Los síntomas de la derrota se revelaban en todo.

En Madrid, la talla de los jóvenes pobres y mal alimentados que vivían en tabucos era ostensiblemente más pequeña que la de los muchachos ricos, de familias acomodadas que habitaban en pisos exteriores. La inteligencia, la fuerza física, eran también menores entre la gente del pueblo que en la clase adinerada. La casta burguesa se iba preparando para someter a la casta pobre y hacerla su esclava.

VI.- La tienda de confecciones

Cerca de un mes tardó Hurtado en ir a ver a Lulú, y cuando fue se encontró un poco sorprendido al entrar en la tienda. Era una tienda bastante grande, con el escaparate ancho y adornado con ropas de niño, gorritos rizados y camisas llenas de lazos.

—Al fin ha venido usted —le dijo Lulú.

—No he podido venir antes. Pero ¿toda esta tienda es de usted? —preguntó Andrés.

—Sí.

—Entonces es usted capitalista; es usted una burguesa infame.

Lulú se rió satisfecha; luego enseñó a Andrés la tienda, la trastienda y la casa. Estaba todo muy bien arreglado y en orden.

Lulú tenía una muchacha que despachaba y un chico para los recados. Andrés estuvo sentado un momento. Entraba bastante gente en la tienda.

—El otro día vino Julio —dijo Lulú— y hablamos mal de usted.

—¿De veras?

—Sí; y me dijo una cosa, que usted había dicho de mí, que me incomodó.

—¿Qué le dijo a usted?

—Me dijo que usted había dicho una vez, cuando era estudiante, que casarse conmigo era lo mismo que casarse con un orangután. ¿Es verdad que ha dicho usted de mí eso? ¡Conteste usted!

—No lo recuerdo; pero es muy posible.

—¿Que lo haya dicho usted?

—Sí.

—¿Y qué debía hacer yo con un hombre que paga así la estimación que yo le tengo?

—No sé.

—¡Si al menos, en vez de orangután, me hubiera usted llamado mona!

—Otra vez será. No tenga usted cuidado.

Dos días después, Hurtado volvió a la tienda, y los sábados se reunía con Lulú y su madre en el café de la Luna. Pronto pudo comprobar que el señor de los anteojos pretendía a Lulú. Era aquel señor un farmacéutico que tenía la botica en la calle del Pez, hombre muy simpático e instruido. Andrés y él hablaron de Lulú.

—¿Qué le parece a usted esta muchacha? —le preguntó el farmacéutico.

—¿Quién? ¿Lulú?

—Sí.

—Pues es una muchacha por la que yo tengo una gran estimación —dijo Andrés.

—Yo también.

—Ahora, que me parece que no es una mujer para casarse con ella.

—¿Por qué?

—Es mi opinión; a mí me parece una mujer cerebral, sin fuerza orgánica y sin sensualidad, para quien todas las impresiones son puramente intelectuales.

—¡Qué sé yo! No estoy conforme.

Aquella misma noche Andrés pudo ver que Lulú trataba demasiado desdeñosamente al farmacéutico.

Cuando se quedaron solos, Andrés le dijo a Lulú:

—Trata usted muy mal al farmacéutico. Eso no me parece digno de una mujer como usted, que tiene un fondo de justicia.

—¿Por qué?

—Porque no. Porque un hombre se enamore de usted, ¿hay motivo para que usted le desprecie? Eso es una bestialidad.

—Me da la gana de hacer bestialidades.

—Habría que desear que a usted le pasara lo mismo, para que supiera lo que es estar desdeñada sin motivo.

—¿Y usted sabe si a mí me pasa lo mismo?

—No; pero me figuro que no.

Tengo demasiado mala idea de las mujeres para creerlo.

—¿De las mujeres en general y de mí en particular?

—De todas.

—¡Qué mal humor se le va poniendo a usted, don Andrés! Cuando sea usted viejo no va a haber quien le aguante.

—Ya soy viejo. Es que me indignan esas necedades de las mujeres. ¿Qué le encuentra usted a ese hombre para desdeñarle así? Es un hombre culto, amable, simpático, gana para vivir...

—Bueno, bueno; pero a mí me fastidia. Basta ya.

VII.- De los focos de la peste

Andrés solía sentarse cerca del mostrador. Lulú le veía sombrío y meditabundo.

—Vamos, hombre, ¿qué le pasa a usted? —le dijo Lulú un día que le vio más hosco que de ordinario.

—Verdaderamente —murmuró Andrés— el mundo es una cosa divertida: hospitales, salas de operaciones, cárceles, casas de prostitución; todo lo peligroso tiene su antídoto; al lado del amor, la casa de prostitución; al lado de la libertad, la cárcel.

Cada instinto subversivo, y lo natural es siempre subversivo, lleva al lado su gendarme.

No hay fuente limpia sin que los hombres metan allí las patas y la ensucien. Está en su naturaleza.

—¿Qué quiere usted decir con eso? ¿Qué le ha pasado a usted? —preguntó Lulú.

—Nada; este empleo sucio que me han dado, me perturba. Hoy me han escrito una carta las pupilas de una casa de la calle de la Paz que me preocupa. Firman "Unas desgraciadas".

—¿Qué dicen?

—Nada; que en esos burdeles hacen bestialidades. Estas "desgraciadas" que me envían la carta me dicen horrores. La casa donde viven se comunica con otra. Cuando hay una visita del médico o de la autoridad, a todas las mujeres no matriculadas las esconden en el piso tercero de la otra casa.

—¿Para qué?

—Para evitar que las reconozcan, para tenerlas fuera del alcance de la autoridad que, aunque injusta y arbitraria, puede dar un disgusto a las amas.

—¿Y esas mujeres vivirán mal?

—Muy mal; duermen en cualquier rincón amontonadas, no comen apenas; les dan unas palizas brutales; y cuando envejecen y ven que ya no tienen éxito, las cogen y las llevan a otro pueblo sigilosamente.

—¡Qué vida! ¡Qué horror! —murmuró Lulú.

—Luego todas estas amas de prostíbulo —siguió diciendo Andrés— tienen la tendencia de martirizar a las pupilas. Hay algunas que llevan un vergajo, como un cabo de vara, para imponer el orden. Hoy he visitado una casa de la calle de Barcelona, en donde el matón es un hombre afeminado a quien llaman el

Cotorrita, que ayuda a la celestina al secuestro de las mujeres. Este invertido se viste de mujer, se pone pendientes, porque tiene agujeros en las orejas, y va a la caza de muchachas.

—Qué tipo.

—Es una especie de halcón. Este eunuco, por lo que me han contado las mujeres de la casa, es de una crueldad terrible con ellas, y las tiene aterrorizadas. "Aquí —me ha dicho el Cotorrita— no se da de baja a ninguna mujer". "¿Por qué?", le he preguntado yo. "Porque no"; y me ha enseñado un billete de cinco duros. Yo he seguido interrogando a las pupilas y he mandado al hospital a cuatro. Las cuatro estaban enfermas.

—¿Pero esas mujeres no tienen alguna defensa?

—Ninguna, ni nombre, ni estado civil, ni nada. Las llaman como quieren; todas responden a nombres falsos: Blanca, Marina, Estrella, África... En cambio, las celestinas y los matones están protegidos por la policía, formada por chulos y por criados de políticos.

—¿Vivirán poco todas ellas? —dijo Lulú.

—Muy poco. Todas estas mujeres tienen una mortalidad terrible; cada ama de esas casas de

prostitución ha visto sucederse y sucederse generaciones de mujeres; las enfermedades, la cárcel, el hospital, el alcohol, va mermando esos ejércitos. Mientras la celestina se conserva agarrada a la vida, todas esas carnes blancas, todos esos cerebros débiles y sin tensión van cayendo al pudridero.

—¿Y cómo no se escapan al menos?

—Porque están cogidas por las deudas. El

burdel es un pulpo que sujeta con sus tentáculos a estas mujeres bestias y desdichadas. Si se escapan las denuncian como ladronas, y toda la canalla de curiales las condena. Luego estas celestinas tienen recursos. Según me han dicho en esa casa de la calle de Barcelona, había hace días una muchacha reclamada por sus padres desde Sevilla en el Juzgado, y mandaron a otra, algo parecida físicamente a ella, que dijo al juez que ella vivía con un hombre muy bien y que no quería volver a su casa.

—¡Qué gente!

—Todo eso es lo que queda de moro y de judío en el español; el considerar a la mujer como una presa, la tendencia al engaño, a la mentira… Es la consecuencia de la impostura semítica; tenemos la religión semítica, tenemos sangre semita. De ese fermento malsano, complicado con nuestra pobreza, nuestra ignorancia y nuestra vanidad, vienen todos los males.

—¿Y esas mujeres son engañadas de verdad por sus novios? —preguntó Lulú, a quien preocupaba más el aspecto individual que el social.

—No; en general no. Son mujeres que no quieren trabajar; mejor dicho, que no pueden trabajar.

Todo se desarrolla en una perfecta inconsciencia. Claro que nada de esto tiene el aire sentimental y trágico que se le supone. Es una cosa brutal, imbécil, puramente económica, sin ningún aspecto novelesco. Lo único grande, fuerte, terrible, es que a todas estas mujeres les queda una idea de la honra como algo formidable suspendido sobre sus cabezas. Una mujer ligera de otro país, al pensar en su juventud seguramente dirá: Entonces yo era joven, bonita, sana. Aquí dicen: Entonces no estaba deshonrada. Somos una raza de fanáticos, y el fanatismo de la honra es de los más fuertes. Hemos fabricado ídolos que ahora nos mortifican.

—¿Y eso no se podía suprimir? —dijo Lulú.

—¿El qué? —El que haya esas casas.

—¡Cómo se va a impedir! Pregúntele usted al señor obispo de Trebisonda o al director de la Academia de Ciencias Morales y Políticas, o a la presidenta de la trata de blancas, y le dirán: Ah, es un mal necesario. Hija mía, hay que tener humildad. No debemos tener el orgullo de creer que sabemos más que los antiguos… Mi tío Iturrioz, en el fondo, está en lo cierto cuando dice riendo que el que las arañas se coman a las moscas no indica más que la perfección de la naturaleza.

Lulú miraba con pena a Andrés cuando hablaba con tanta amargura.

—Debía usted dejar ese destino —le decía.

—Sí; al fin lo tendré que dejar.

VIII.- La muerte de Villasús

Con pretexto de estar enfermo, Andrés abandonó el empleo, y por influencia de Julio Aracil le hicieron médico de "La Esperanza", sociedad para la asistencia facultativa de gente pobre. No tenía en este nuevo cargo tantos motivos para sus indignaciones éticas, pero en cambio la fatiga era terrible; había que hacer treinta y cuarenta visitas al día en los barrios más lejanos; subir escaleras y escaleras, entrar en tugurios infames…

En verano, sobre todo, Andrés quedaba reventado. Aquella gente de las casas de vecindad, miserable, sucia, exasperada por el calor, se hallaba siempre dispuesta a la cólera. El padre o la madre que veía que el niño se le moría, necesitaba descargar en alguien su dolor, y lo descargaba en el médico. Andrés algunas veces oía con calma las reconvenciones, pero otras veces se encolerizaba y les decía la verdad: que eran unos miserables y unos cerdos; que no se levantarían nunca de su postración por su incuria y su abandono. Iturrioz tenía razón: la naturaleza no sólo hacía el esclavo, sino que le daba el espíritu de la esclavitud.

Andrés había podido comprobar en Alcolea como en Madrid que, a medida que el individuo sube, los medios que tiene de burlar las leyes comunes se hacen mayores. Andrés pudo evidenciar que la fuerza de la ley disminuye proporcionalmente al aumento de medios del triunfador. La ley es siempre más dura con el débil. Automáticamente pesa sobre el miserable. Es lógico que el miserable por instinto odie la ley. Aquellos desdichados no comprendíantodavía que la solidaridad del pobre podía acabarcon el rico, y no sabían más que lamentarse estérilmente de su estado. La cólera y la irritación se habían hecho crónicas en Andrés; el calor, el andar al sol le producían una sed constante que le obligaba a beber cerveza y cosas frías que le estragaban el estómago. Ideas absurdas de destrucción le pasaban por la cabeza.

Los domingos, sobre todo cuando cruzaba entre la gente a la vuelta de los toros, pensaba en el placer que sería para él poner en cada bocacalle una media docena de ametralladoras y no dejar uno de los que volvían de la estúpida y sangrienta fiesta. Toda aquella sucia morralla de chulos eran los que vociferaban en los cafés antes de la guerra, los que soltaron baladronadas y bravatas para luego quedarse en sus casas tan tranquilos. La moral del espectador de corrida de toros se había revelado en ellos; la moral del cobarde que exige valor en otro, en el soldado en el campo de batalla, en el histrión, o en el torero en el circo. A aquella turba de bestias crueles y sanguinarias, estúpidas y petulantes, le hubiera impuesto Hurtado el respeto al dolor ajeno por la fuerza. El oasis de Andrés era la tienda de

Lulú. Allí, en la oscuridad y a la fresca, se sentaba y hablaba.

Lulú mientras tanto cosía, y si llegaba alguna compradora, despachaba. Algunas noches Andrés acompañó a Lulú y a su madre al paseo de Rosales.

Lulú y Andrés se sentaban juntos, y hablaban contemplando la hondonada negra que se extendía ante ellos. Lulú miraba aquellas líneas de luces interrumpidas de las carreteras y de los arrabales, y fantaseaba suponiendo que había un mar con sus islas, y que se podía andar en lancha por encima de estas sombras confusas. Después de charlar largo rato volvían en el tranvía, y en la glorieta de San Bernardo se despedían estrechándose la mano.

Quitando estas horas de paz y de tranquilidad, todas las demás eran para Andrés de disgusto y de molestia...

Un día al visitar una guardilla de barrios bajos, al pasar por el corredor de una casa de vecindad, una mujer vieja con un niño en brazos se le acercó y le dijo si quería pasar a ver a un enfermo. Andrés no se negaba nunca a esto, y entró en el otro tabuco. Un hombre demacrado, famélico, sentado en un camastro, cantaba y recitaba versos. De cuando en cuando se levantaba en camisa e iba de unlado a otro tropezando con dos o tres cajones que había en el suelo.

—¿Qué tiene este hombre? —preguntó Andrés a la mujer. —Está ciego, y ahora parece que se ha vuelto loco.

—¿No tiene familia? —Una hermana mía y yo; somos hijas suyas.

—Pues por este hombre no se puede hacer nada —dijo Andrés—. Lo único sería llevarlo al hospital o a un manicomio. Yo mandaré una nota al director del hospital.

¿Cómo se llama el enfermo?

—Villasús, Rafael Villasús.

—¿Éste es un señor que hacía dramas?

—Sí.

Andrés lo recordó en aquel momento. Había envejecido en diez o doce años de una manera asombrosa; pero aún la hija había envejecido más. Tenía un aire de insensibilidad y de estupor que sólo un aluvión de miserias puede dar a una criatura humana.

Andrés se fue de la casa pensativo.

—¡Pobre hombre! —se dijo— ¡Qué desdichado! ¡Este pobre diablo, empeñado en desafiar a la riqueza, es extraordinario! ¡Qué caso de heroísmo más cómico!

Y quizá si pudiera discurrir pensaría que ha hecho bien; que la situación lamentable en que se encuentra es un timbre de gloria de su bohemia. ¡Pobre imbécil!

Siete u ocho días después, al volver a visitar al niño enfermo, que había recaído, le dijeron que el vecino de la guardilla, Villasús, había muerto. Los inquilinos de los cuartuchos le contaron que el poeta loco, como le llamaban en la casa, había pasado tres días y tres noches vociferando, desafiando a sus enemigos literarios, riendo a carcajadas. Andrés entró a ver al muerto. Estaba tendido en el suelo, envuelto en una sábana. La hija, indiferente, se mantenía acurrucada en un rincón. Unos cuantos desarrapados, entre ellos uno melenudo, rodeaban el cadáver.

—¿Es usted el médico? —le preguntó uno

de ellos a Andrés con impertinencia.

—Sí; soy médico.

—Pues reconozca usted el cuerpo, porque creemos que Villasús no está muerto. Esto es un caso de catalepsia.

—No digan ustedes necedades —dijo Andrés.

Todos aquellos desarrapados, que debían ser bohemios, amigos de Villasús, habían hecho horrores con el cadáver: le habían quemado los dedos con fósforo para ver si tenía sensibilidad. Ni aun después de muerto, al pobre diablo lo dejaban en paz. Andrés, a pesar de que tenía el convencimiento de que no había tal catalepsia, sacó el estetoscopio y auscultó al cadáver en la zona del corazón.

—Está muerto —dijo.

En esto entró un viejo de melena blanca y barba también blanca, cojeando, apoyado en un bastón. Venía borracho completamente. Se acercó al cadáver de Villasús, y con una voz melodramática gritó:

—¡Adiós, Rafael! ¡Tú eras un poeta! ¡Tú eras un genio! ¡Así moriré yo también!

¡En la miseria!, porque soy un bohemio y no venderé nunca mi conciencia. No. Los desarrapados se miraban unos a otros como satisfechos del giro que tomaba la escena. Seguía desvariando el viejo de las melenas, cuando se presentó el mozo del coche fúnebre, con el sombrero de copa echado a un lado, el látigo en la mano derecha y la colilla en los labios.

—Bueno —dijo hablando en chulo, enseñando los dientes negros—. ¿Se va a bajar el cadáver o no? Porque yo no puedo esperar aquí, que hay que llevar otros muertos al Este.

Uno de los desarrapados, que tenía un cuello postizo, bastante sucio, que le salía de la chaqueta, y unos lentes, acercándose a Hurtado le dijo con una afectación ridícula:

—Viendo estas cosas, dan ganas de ponerse una bomba de dinamita en el velo del paladar.

La desesperación de este bohemio le pareció a Hurtado demasiado alambicada para ser sincera, y dejando a toda esta turba de desarrapados en la guardilla salió de la casa.

IX.- Amor, teoría y práctica

Andrés divagaba, lo que era su gran placer, en la tienda de Lulú. Ella le oía sonriente, haciendo de cuando en cuando alguna objeción. Le llamaba siempre en burla don Andrés.

—Tengo una pequeña teoría acerca del amor —le dijo un día él.

—Acerca del amor debía usted tener una teoría grande —repuso burlonamente Lulú.

—Pues no la tengo. He encontrado que en el amor, como en la medicina de hace ochenta años, hay dos procedimientos: la alopatía y la homeopatía.

—Explíquese usted claro, don Andrés —replicó ella con severidad.

—Me explicaré. La alopatía amorosa está basada en la neutralización. Los contrarios se curan con los contrarios. Por este principio, el hombre pequeño busca mujer grande, el rubio mujer morena y el moreno rubia. Este procedimiento es el procedimiento de los tímidos; que desconfían de sí mismos... El otro procedimiento...

—Vamos a ver el otro procedimiento.

—El otro procedimiento es el homeopático. Los semejantes se curan con los semejantes. Éste es el sistema de los satisfechos de su físico. El moreno con la morena, el rubio con la rubia. De manera que, si mi teoría es cierta, servirá para conocer a la gente.

—¿Sí?

—Sí; se ve un hombre gordo, moreno y chato, al lado de una mujer gorda, morena y chata, pues es un hombre petulante y seguro de sí mismo; pero el hombre gordo, moreno y chato tiene una mujer flaca, rubia y nariguda, es que no tiene confianza en su tipo ni en la forma de su nariz.

—De manera que yo, que soy morena y algo chata...

—No; usted no es chata.

—¿Algo tampoco?

—No.

—Muchas gracias, don Andrés.

Pues bien; yo que soy morena, y creo que

algo chata, aunque usted diga que no, si fuera petulante, me gustaría ese mozo de la peluquería de la esquina, que es más moreno y chato que yo, y si fuera completamente humilde, me gustaría el farmacéutico, que tiene unas buenas napias.

—Usted no es un caso normal.

—¿No?

—No.

—¿Pues qué soy?

—Un caso de estudio.

—Yo seré un caso de estudio; pero nadie me quiere estudiar.

—¿Quiere usted que la estudie yo, Lulú? Ella contempló durante un momento a Andrés con una mirada enigmática, y luego se echó a reír:

—Y usted, don Andrés, que es un sabio, que ha encontrado esas teorías sobre el amor, ¿qué es eso del amor?

—¿El amor?

—Sí.

—Pues el amor, y le voy a parecer a usted

un pedante, es la confluencia del instinto fetichista y del instinto sexual.

—No comprendo.

—Ahora viene la explicación.

El instinto sexual empuja el hombre a la mujer y la mujer al hombre, indistintamente; pero el hombre que tiene un poder de fantasear dice: esa mujer, y la mujer dice: ese hombre. Aquí empieza el instinto fetichista; sobre el cuerpo de la persona elegida porque sí, se forja otro más hermoso y se le adorna y se le embellece, y se convence uno de que el ídolo forjado por la imaginación es la misma verdad. Un hombre que ama a una mujer la ve en su interior deformada, y la mujer que quiere al hombre le pasa lo mismo, lo deforma.

A través de una nube brillante y falsa, se ven los amantes el uno al otro, y en la oscuridad ríe el antiguo diablo, que no es más que la especie.

—¡La especie! ¿Y qué tiene que ver ahí la especie?

—El instinto de la especie es la voluntad de tener hijos, de tener descendencia. La principal idea de la mujer es el hijo. La mujer instintivamente quiere primero el hijo; pero la naturaleza necesita vestir este deseo con otra forma más poética, más sugestiva, y crea esas mentiras, esos velos que constituyen el amor.

—¿De manera que el amor en el fondo es un engaño?

—Sí; es un engaño como la misma vida; por eso alguno ha dicho, con razón: una mujer es tan buena como otra y a veces más; lo mismo se puede decir del hombre: un hombre es tan bueno como otro y a veces más.

—Eso será para la persona que no quiere.

—Claro, para el que no está ilusionado, engañado...

Por eso sucede que los matrimonios de amor producen más dolores y desilusiones que los de conveniencia.

—¿De verdad cree usted eso?

—Sí.

—¿Y a usted qué le parece que vale más, engañarse y sufrir o no engañarse nunca?

—No sé. Es difícil saberlo. Creo que no puede haber una regla general. Estas conversaciones les entretenían.

Una mañana, Andrés se encontró en la tienda con un militar joven hablando con Lulú. Durante varios días lo siguió viendo. No quiso preguntar quién era, y sólo cuando lo dejó de ver se enteró de que era primo de Lulú.

En este tiempo Andrés empezó a creer que Lulú estaba displicente con él. Quizá pensaba en el militar.

Andrés quiso perder la costumbre de ir a la tienda de confecciones, pero no pudo. Era el único sitio agradable donde se encontraba bien... Un día de otoño por la mañana fue a pasear por la Moncloa.

Sentía esa melancolía, un poco ridícula, del solterón. Un vago sentimentalismo anegaba su espíritu al contemplar el campo, el cielo puro y sin nubes, el Guadarrama azul como una turquesa. Pensó en Lulú y decidió ir a verla. Era su única amiga. Volvió hacia Madrid, hasta la calle del Pez, y entró en la tiendecita.

Estaba Lulú sola, limpiando con el plumero los armarios. Andrés se sentó en su sitio.

—Está usted muy bien hoy, muy guapa —dijo de pronto Andrés.

—¿Qué hierba ha pisado usted, don Andrés, para estar tan amable?

—Verdad. Está usted muy bien.

Desde que está usted aquí se va usted humanizando. Antes tenía usted una expresión muy satírica, muy burlona, pero ahora no; se le

va poniendo a usted una cara más dulce. Yo creo que de tratar así con las madres que vienen a comprar gorritos para sus hijos se le va poniendo a usted una cara maternal.

—Y, ya ve usted, es triste hacer siempre gorritos para los hijos de los demás.

—¿Qué querría usted más que fueran para sus hijos? —Si pudiera ser; ¿por qué no?

Pero yo no tendré hijos nunca. ¿Quién me va a querer a mí?

—El farmacéutico del café, el teniente..., puede usted echárselas de modesta, y anda usted haciendo conquistas…

—¿Yo?

—Usted, sí.

Lulú siguió limpiando los estantes con el plumero.

—¿Me tiene usted odio, Lulú? —dijo Hurtado.

—Sí; porque me dice usted tonterías.

—Deme usted la mano.

—¿La mano?

—Sí.

—Ahora siéntese usted a mi lado.

—¿A su lado de usted?

—Sí.

—Ahora míreme usted a los ojos. Lealmente.

—Ya le miro a los ojos. ¿Hay más que hacer?

—¿Usted cree que no la quiero a usted, Lulú?

—Sí…, un poco…, ve usted que no soy una mala muchacha…, pero nada más.

—¿Y si hubiera algo más? Si yo la quisiera a usted con cariño, con amor, ¿qué me contestaría usted?

—No; no es verdad. Usted no me quiere. No me diga usted eso.

—Sí, sí; es verdad —y acercando la cabeza de Lulú a él, la besó en la boca. Lulú enrojeció violentamente, luego palideció y se tapó la cara con las manos.

—Lulú, Lulú —dijo Andrés—. ¿Es que la he ofendido a usted? Lulú se levantó y paseó un momento por la tienda, sonriendo.

—Ve usted, Andrés; esa locura, ese engaño que dice usted que es el amor, lo he sentido yo por usted desde que le vi.

—¿De verdad?

—Sí, de verdad.

—¿Y yo ciego?

—Sí; ciego, completamente ciego.

Andrés tomó la mano de Lulú entre las suyas y la llevó a sus labios. Hablaron los dos largo rato, hasta que se oyó la voz de doña Leonarda.

—Me voy —dijo Andrés, levantándose.

—Adiós —exclamó ella, estrechándose contra él—. Y ya no me dejes más, Andrés.

Donde tú vayas, llévame.

Séptima parte:

La experiencia del hijo

I.- El derecho a la prole

Unos días más tarde Andrés se presentaba en casa de su tío.

Gradualmente llevó la conversación a tratar de cuestiones matrimoniales, y después dijo:

—Tengo un caso de conciencia.

—¡Hombre!

—Sí. Figúrese usted que un señor a quien visito, todavía joven, pero hombre artrítico, nervioso, tiene una novia, antigua amiga suya, débil y algo histérica.

Y este señor me pregunta: ¿Usted cree que me puedo casar? Y yo no sé qué contestarle.

—Yo le diría que no —contestó Iturrioz—.

Ahora, que él hiciera después lo que quisiera.

—Pero hay que darle una razón.

—¡Qué más razón! Él es casi un enfermo, ella también, él vacila…, basta; que no se case.

—No, eso no basta.

—Para mí sí; yo pienso en el hijo; yo no creo como Calderón, que el delito mayor del hombre sea el haber nacido. Esto me parece una tontería poética. El delito mayor del hombre es hacer nacer.

—¿Siempre? ¿Sin excepción?

—No. Para mí el criterio es éste: Se tienen hijos sanos a quienes se les da un hogar, protección, educación, cuidados… podemos otorgar la absolución a los padres; se tienen hijos enfermos, tuberculosos, sifilíticos, neurasténicos, consideremos criminales a los padres.

—¿Pero eso se puede saber con anterioridad?

—Sí, yo creo que sí.

—No lo veo tan fácil.

—Fácil no es; pero sólo el peligro, sólo la

posibilidad de engendrar una prole enfermiza debía bastar al hombre para no tenerla.

El perpetuar el dolor en el mundo me parece un crimen.

—¿Pero puede saber nadie cómo será su descendencia? Ahí tengo yo un amigo enfermo, estropeado, que ha tenido hace poco una niña sana, fortísima.

—Eso es muy posible. Es frecuente que un hombre robusto tenga hijos raquíticos y al contrario; pero no importa. La única garantía de la prole es la robustez de los padres.

—Me choca en un antiintelectualista como usted esa actitud tan de intelectual — dijo Andrés.

—A mí también me choca en un intelectual como tú esa actitud de hombre de mundo. Yo te confieso, para mí nada tan repugnante como esa bestia prolífica, que entre vapores de alcohol va engendrando hijos que hay que llevar al cementerio o que si no van a engrosar los ejércitos del presidio y de la prostitución. Yo tengo verdadero odio a esa gente sin conciencia, que llena de carne enferma y podrida la tierra. Recuerdo una criada de mi casa; se casó con un idiota borracho, que no podía sostenerse a sí mismo porque no sabía trabajar. Ella y él eran cómplices de chiquillos enfermizos y tristes, que vivían entre harapos, y aquel idiota venía a pedirme dinero creyendo que era un mérito ser padre de su abundante y repulsiva prole.

—La fecundidad no puede ser un ideal social. No se necesita cantidad, sino calidad.

Que los patriotas y los revolucionarios canten al bruto prolífico, para mí siempre será un animal odioso.

—Todo eso está bien —murmuró Andrés—; pero no resuelve mi problema. ¿Qué le digo yo a ese hombre? —Yo le diría: Cásese usted si quiere, pero no tenga usted hijos.

Esterilice usted su matrimonio.

—Es decir, que nuestra moral acaba por ser inmoral. Si Tolstoi le oyera, le diría: Es usted un canalla de la facultad.

—¡Bah! Tolstoi es un apóstol y los apóstoles dicen las verdades suyas, que generalmente son tonterías para los demás. Yo a ese amigo tuyo le hablaría claramente; le diría: ¿Es usted un hombre egoísta, un poco cruel, fuerte, sano, resistente para el dolor propio e incomprensivo para los padecimientos ajenos? ¿Sí? Pues cásese usted, tenga usted hijos, será usted un buen padre de familia... Pero si es usted un hombre impresionable, nervioso, que siente demasiado el dolor, entonces no se case usted, y si se casa no tenga hijos. Andrés salió de la azotea aturdido. Por la tarde escribió a Iturrioz una carta diciéndole que el artrítico que se casaba era él.

II.- La vida nueva

A Hurtado no le preocupaban gran cosa las cuestiones de forma, y no tuvo ningún inconveniente en casarse en la iglesia, como quería doña Leonarda. Antes de casarse llevó a Lulú a ver a su tío Iturrioz y simpatizaron. Ella le dijo a Iturrioz.

—A ver si encuentra usted para Andrés algún trabajo en que tenga que salir poco de casa, porque haciendo visitas está siempre de un humor malísimo. Iturrioz encontró el trabajo, que consistía en traducir artículos y libros para una revista médica que publicaba al mismo tiempo obras nuevas de especialidades.

—Ahora te darán dos o tres libros en francés para traducir —le dijo Iturrioz—; pero vete aprendiendo el inglés, porque dentro de unos meses te encargarán alguna traducción en este idioma y entonces si necesitas te ayudaré yo.

—Muy bien. Se lo agradezco a usted mucho.

Andrés dejó su cargo en la sociedad "La Esperanza". Estaba deseándolo; tomó una casa en el barrio de Pozas, no muy lejos de la tienda de Lulú. Andrés pidió al casero que de los tres cuartos que daban a la calle le hiciera uno, y que no le empapelara el local que quedase después, sino que lo pintara de un color cualquiera. Este cuarto sería la alcoba, el despacho, el comedor para el matrimonio. La vida en común la harían constantemente allí.

—La gente hubiera puesto aquí la sala y el gabinete y después se hubieran ido a dormir al sitio peor de la casa —decía Andrés.Lulú miraba estas disposiciones higiénicas como fantasías, chifladuras; tenía una palabra especial para designar las extravagancias de su marido.

—¡Qué hombre más ideático! —decía.

Andrés pidió prestado a Iturrioz algún dinero para comprar muebles.

—¿Cuánto necesitas? —le dijo el tío.

—Poco; quiero muebles que indiquen pobreza; no pienso recibir a nadie.

Al principio doña Leonarda quiso ir a vivir con Lulú y con Andrés; pero éste se opuso.

—No, no —dijo Andrés—; que vaya con tu hermana y con don Prudencio. Estará mejor.

—¡Qué hipócrita! Lo que sucede es que no la quieres a mamá.

—Ah, claro. Nuestra casa ha de tener una temperatura distinta a la de la calle. La suegra sería una corriente de aire frío. Que no entre nadie, ni de tu familia ni de la mía.

—¡Pobre mamá! ¡Qué idea tienes de ella! —decía riendo Lulú.

—No; es que no tenemos el mismo concepto de las cosas; ella cree que se debe vivir para fuera y yo no.

Lulú, después de vacilar un poco, se entendió con su antigua amiga y vecina la Venancia y la llevó a su casa. Era una vieja muy fiel, que tenía cariño a Andrés y a Lulú.

—Si le preguntan por mí —le decía Andrés—, diga usted siempre que no estoy.

—Bueno, señorito.

Andrés estaba dispuesto a cumplir bien en su nueva ocupación de traductor. Aquel cuarto aireado, claro, donde entraba el sol, en donde tenía sus libros, sus papeles, le daba ganas de trabajar. Ya no sentía la impresión de animal acosado, que había sido en él habitual. Por la mañana tomaba un baño y luego se ponía a traducir. Lulú volvía de la tienda y la Venancia les servía la comida.

—Coma usted con nosotros —le decía Andrés.

—No, no.

Hubiera sido imposible convencer a la vieja de que se podía sentar a la mesa con sus amos. Después de comer, Andrés acompañaba a Lulú a la tienda y luego volvía a trabajar en su cuarto. Varias veces le dijo a Lulú que ya tenían bastante para vivir con lo que ganaba él, que podían dejar la tienda; pero ella no quería.

—¿Quién sabe lo que puede ocurrir? —decía Lulú—; hay que ahorrar, hay que estar prevenidos por si acaso.

De noche aún quería Lulú trabajar algo en la máquina; pero Andrés no se lo permitía. Andrés estaba cada vez más encantado de su mujer, de su vida y de su casa. Ahora le asombraba cómo no había notado antes aquellas condiciones de arreglo, de orden y de economía de Lulú. Cada vez trabajaba con más gusto. Aquel cuarto grande le daba la impresión de no estar en una casa con vecinos y gente fastidiosa, sino en el campo, en algún sitio lejano.

Andrés hacía sus trabajos con gran cuidado y calma. En la redacción de la revista le habían prestado varios diccionarios científicos modernos e Iturrioz le dejó dos o tres de idiomas que le servían mucho. Al cabo de algún tiempo, no sólo tenía que hacer traducciones, sino estudios originales, casi siempre sobre datos y experiencias obtenidos por investigadores extranjeros. Muchas veces se acordaba de lo que decía

Fermín Ibarra; de los descubrimientos fáciles que se desprenden de los hechos anteriores sin esfuerzo.

¿Por qué no había experimentados en España cuando la experimentación para dar fruto no exigía más que dedicarse a ella? Sin duda faltaban laboratorios, talleres para seguir el proceso evolutivo de una rama de la ciencia; sobraba también un poco de sol, un poco de ignorancia y bastante de la protección del Santo Padre, que generalmente es muy útil para el alma, pero muy perjudicial para la ciencia y para la industria.

Estas ideas, que hacía tiempo le hubieran producido indignación y cólera, ya no le exasperaban. Andrés se encontraba tan bien, que sentía temores. ¿Podía durar esta vida tranquila? ¿Habría llegado a fuerza de ensayos a una existencia no sólo soportable, sino agradable y sensata? Su pesimismo le hacía pensar que la calma no iba a ser duradera.

—Algo va a venir el mejor día— pensaba— que va a descomponer este bello equilibrio.

Muchas veces se le figuraba que en su vida había una ventana abierta a un abismo.

Asomándose a ella el vértigo y el horror se apoderaban de su alma. Por cualquier cosa, con cualquier motivo, temía que este abismo se abriera de nuevo a sus pies. Para Andrés todos los allegados eran enemigos; realmente la suegra, Niní, su marido, los vecinos, la portera, miraban el estado feliz del matrimonio como algo ofensivo para ellos.

—No hagas caso de lo que te digan —recomendaba Andrés a su mujer—. Un estado de tranquilidad como el nuestro es una injuria para toda esa gente que vive en una perpetua tragedia de celos, de envidias, de tonterías. Ten en cuenta que han de querer envenenarnos.

—Lo tendré en cuenta —replicaba Lulú, que se burlaba de la grave recomendación de su marido.

Niní algunos domingos, por la tarde, invitaba a su hermana a ir al teatro.

—¿Andrés no quiere venir? —preguntaba Niní.

—No. Está trabajando.

—Tu marido es un erizo.

—Bueno; dejadle.

Al volver Lulú por la noche contaba a su marido lo que había visto. Andrés hacía alguna reflexión filosófica que a Lulú le parecía muy cómica, cenaban y después de cenar paseaban los dos un momento. En verano, salían casi todos los días al anochecer. Al concluir su trabajo, Andrés iba a buscar a Lulú a la tienda, dejaban en el mostrador a la muchacha y se marchaban a corretear por el Canalillo o la Dehesa de Amaniel. Otras noches entraban en los cinematógrafos de Chamberí, y Andrés oía entretenido los comentarios de Lulú, que tenían esa gracia madrileña ingenua y despierta que no se parece en nada a las groserías estúpidas y amaneradas de los especialistas en madrileñismo.

Lulú le producía a Andrés grandes sorpresas; jamás hubiera supuesto que aquella muchacha, tan atrevidaal parecer, fuera íntimamente de una timidez tan completa.

Lulú tenía una idea absurda de su marido, lo consideraba como un portento. Una noche que se les hizo tarde, al volver del Canalillo, se encontraron en un callejón sombrío, que hay cerca del abandonado cementerio de la Patriarcal, con dos hombres de mal aspecto. Estaba ya oscuro; un farol medio caído, sujeto en la tapia del camposanto, iluminaba el camino, negro por el polvo del carbón y abierto entre dos tapias. Uno de los hombres se les acercó a pedirles limosna de una manera un tanto sospechosa.

Andrés contestó que no tenía un cuarto y sacó la llave de casa del bolsillo, que brilló como si fuera el cañón de un revólver. Los dos hombres no se atrevieron a atacarles, y Lulú y Andrés pudieron llegar a la calle de San Bernardo sin el menor tropiezo.

—¿Has tenido miedo, Lulú? —le preguntó Andrés.

—Sí; pero no mucho. Como iba contigo…

—Qué espejismo —pensó él—, mi mujer cree que soy un Hércules.

Todos los conocidos de Lulú y de Andrés se maravillaban de la armonía del matrimonio.

—Hemos llegado a querernos de verdad —

decía Andrés—, porque no teníamos interés en mentir.

III.- En paz

Pasaron muchos meses y la paz del matrimonio no se turbó.

Andrés estaba desconocido. El método de vida, el no tener que sufrir el sol, ni subir escaleras, ni ver miserias, le daba una impresión de tranquilidad, de paz. Explicándose como un filósofo, hubiera dicho que la sensación de conjunto de su cuerpo, la "cenesthesia" era en aquel momento pasiva, tranquila, dulce. Su bienestar físico le preparaba para ese estado de perfección y de equilibrio intelectual, que los epicúreos y los estoicos griegos llamaron "ataraxia", el paraíso del que no cree. Aquel estado de serenidad le daba una gran lucidez y mucho método en sus trabajos. Los estudios de síntesis que hizo para la revista médica tuvieron gran éxito. El director le alentó para que siguiera por aquel camino. No quería ya que tradujera, sino que hiciera trabajos originales para todos los números.

Andrés y Lulú no tenían nunca la menor riña; se entendían muy bien. Sólo en cuestiones de higiene y alimentación, ella no le hacía mucho caso a su marido.

—Mira, no comas tanta ensalada —le decía él.

—¿Por qué? Si me gusta.

—Sí; pero no te conviene ese ácido. Eres artrítica como yo.

—¡Ah, tonterías! —No son tonterías.

Andrés daba todo el dinero que ganaba a su mujer.

—A mí no me compres nada —le decía.

—Pero necesitas...

—Yo no. Si quieres comprar, compra algo para la casa o para ti.

Lulú seguía con la tiendecita; iba y venía del obrador a su casa, unas veces de mantilla, otras con un sombrero pequeño.

Desde que se había casado estaba de mejor aspecto; como andaba más al aire libre tenía un color sano. Además, su aire satírico se había suavizado, y su expresión era más dulce.

Varias veces desde el balcón vio Hurtado que algún pollo o algún viejo habían venido hasta casa, siguiendo a su mujer.

—Mira, Lulú —le decía—, ten cuidado; te siguen.

—¿Sí?

—Sí; la verdad es que te estás poniendo muy guapa. Vas a hacerme celoso.

—Sí, mucho. Tú ya sabes demasiado cómo yo te quiero —replicaba ella—.

Cuando estoy en la tienda, siempre estoy pensando: ¿Qué hará aquél?

—Deja la tienda.

—No, no. ¿Y si tuviéramos un hijo? Hay que ahorrar.

¡El hijo! Andrés no quería hablar, ni hacer la menor alusión a este punto, verdaderamente delicado; le producía una gran inquietud. La religión y la moral vieja gravitan todavía sobre uno —se decía—; no puede uno echar fuera completamente el hombre supersticioso que lleva en la sangre la idea del pecado. Muchas veces, al pensar en el porvenir, le entraba un gran terror; sentía que aquella ventana sobre el abismo podía entreabrirse. Con frecuencia, marido y mujer iban a visitar a Iturrioz, y éste también a menudo pasaba un rato en el despacho de Andrés. Un año, próximamente después de casados, Lulú se puso algo enferma; estaba distraída, melancólica y preocupada.

—¿Qué le pasa? ¿Qué tiene? —se preguntaba Andrés con inquietud.

Pasó aquella racha de tristeza, pero al poco tiempo volvió de nuevo con más fuerza; los ojos de Lulú estaban velados, en su rostro se notaban señales de haber llorado.

Andrés, preocupado, hacía esfuerzos para parecer distraído; pero llegó un momento en que le fue imposible fingir que no se daba cuenta del estado de su mujer. Una noche le preguntó lo que le ocurría y ella, abrazándose a su cuello, le hizo tímidamente la confesión de lo que le pasaba. Era lo que temía Andrés. La tristeza de no tener el hijo, la sospecha de que su marido no quería tenerlo, hacía llorar a Lulú a lágrima viva, con el corazón hinchado por la pena.

¿Qué actitud tomar ante un dolor semejante? ¿Cómo decir a aquella mujer, que él se consideraba como un producto envenenado y podrido, que no debía tener descendencia?

Andrés intentó consolarla, explicarse… Era imposible. Lulú lloraba, le abrazaba, le besaba con la cara llena de lágrimas.

—¡Sea lo que sea! —murmuró Andrés

Al levantarse Andrés al día siguiente, ya no tenía la serenidad de costumbre. Dos meses más tarde, Lulú, con la mirada brillante, le confesó a Andrés que debía estar embarazada. El hecho no tenía duda. Ya Andrés vivía en una angustia continua. La ventana que en su vida se abría a aquel abismo que le producía el vértigo, estaba de nuevo de par en par.

El embarazo produjo en Lulú un cambio completo; de burlona y alegre, la hizo triste y sentimental.

Andrés notaba que ya le quería de otra manera; tenía por él un cariño celoso e irritado; ya no era aquella simpatía afectuosa y burlona tan dulce; ahora era un amor animal. La naturaleza recobraba sus derechos. Andrés, de ser un hombre lleno de talento y un poco "ideático", había pasado a ser su hombre. Ya en esto, Andrés veía el principio de la tragedia. Ella quería que le acompañara, le diera el brazo, se sentía celosa, suponía que miraba a las demás mujeres. Cuando adelantó el embarazo, Andrés comprobó que el histerismo de su mujer se acentuaba.

Ella sabía que estos desórdenes nerviosos tenían las mujeres embarazadas, y no le daba importancia; pero él temblaba. La madre de Lulú comenzó a frecuentar la casa, y como tenía mala voluntad para Andrés, envenenaba todas las cuestiones. Uno de los médicos que colaboraba en la revista, un hombre joven, fue varias veces a ver a Lulú.

Según decía, se encontraba bien; sus manifestaciones histéricas no tenían importancia, eran frecuentes en las embarazadas. El que se encontraba cada vez peor era Andrés. Su cerebro estaba en una tensión demasiado grande, y las emociones que cualquiera podía sentir en la vida normal, a él le desequilibraban.

—Ande usted, salga usted —le decía el médico. Pero fuera de casa ya no sabía qué hacer.

No podía dormir, y después de ensayar varios hipnóticos se decidió a tomar morfina. La angustia le mataba. Los únicos momentos agradables de su vida eran cuando se ponía a trabajar. Estaba haciendo un estudio sintético de las aminas, y trabajaba con toda su fuerza para olvidarse de sus preocupaciones y llegar a dar claridad a sus ideas.

IV.- Tenía algo de precursor

Cuando llegó el embarazo a su término, Lulú quedó con el vientre excesivamente aumentado.

—A ver si tengo dos —decía ella riendo.

—No digas esas cosas —murmuraba Andrés exasperado y entristecido.

Cuando Lulú creyó que el momento se acercaba, Hurtado fue a llamar a un médico joven, amigo suyo y de Iturrioz, que se dedicaba a partos. Lulú estaba muy animada y valiente. El médico le había aconsejado que anduviese, y a pesar de que los dolores le

413

hacíanencogerse y apoyarse en los muebles, no cesaba de andar por la habitación. Todo el día lo pasó así. El médico dijo que los primeros partos eran siempre difíciles, pero Andrés comenzaba a sospechar que aquello no tenía el aspecto de un parto normal. Por la noche, las fuerzas de Lulú comenzaron a ceder. Andrés la contemplaba con lágrimas en los ojos.

—Mi pobre Lulú, lo que estás sufriendo —la decía.

—No me importa el dolor —contestaba ella—. ¡Si el niño viviera!

—Ya vivirá, ¡no tenga usted cuidado! —decía el médico.

—No, no; me da el corazón que no.

La noche fue terrible. Lulú estaba extenuada. Andrés, sentado en una silla, la contemplaba estúpidamente. Ella, a veces se acercaba a él.

—Tú también estás sufriendo. ¡Pobre! —y le acariciaba la frente y le pasaba la mano por la cara.

Andrés, presa de una impaciencia mortal, consultaba al médico a cada momento; no podía ser aquello un parto normal; debía de existir alguna dificultad; la estrechez de la pelvis, algo.

—Si para la madrugada esto no marcha —dijo el médico— veremos qué se hace. De pronto, el médico llamó a Hurtado.

—¿Qué pasa? —preguntó éste.

—Prepare usted los fórceps inmediatamente.

—¿Qué ha ocurrido?

—La procidencia del cordón umbilical. El cordón está comprimido.

Por muy rápidamente que el médico introdujo las dos láminas del fórceps e hizo la extracción, el niño salió muerto. Acababa de morir en aquel instante.

—¿Vive? —preguntó Lulú con ansiedad.

Al ver que no le respondían, comprendió que estaba muerto y cayó desmayada. Recobró pronto el sentido. No se había verificado aún el alumbramiento. La situación de Lulú era grave; la matriz había quedado sin tonicidad y no arrojaba la placenta.

El médico dejó a Lulú que descansara. La madre quiso ver el niño muerto. Andrés, al tomar el cuerpecito sobre una sábana doblada, sintió una impresión de dolor agudísimo, y se le llenaron los ojos de lágrimas.

Lulú comenzó a llorar amargamente.

—Bueno, bueno —dijo el médico—, basta; ahora hay que tener energía.

Intentó provocar la expulsión de la placenta, por la compresión, pero no lo pudo conseguir. Sin duda estaba adherida. Tuvo que extraerla con la mano. Inmediatamente después, dio a la parturienta una inyección de ergotina, pero no pudo evitar que Lulú tuviera una hemorragia abundante. Lulú quedó en un estado de debilidad grande; su organismo no reaccionaba con la necesaria fuerza.

Durante dos días estuvo en este estado de depresión. Tenía la seguridad de que se iba a morir.

—Si siento morirme —le decía a Andrés— es por ti. ¿Qué vas a hacer tú, pobrecito, sin mí? —y le acariciaba la cara.

Otras veces era el niño lo que la preocupaba y decía:

—Mi pobre hijo. Tan fuerte como era. ¿Por qué se habrá muerto, Dios mío?

Andrés la miraba con los ojos secos.

En la mañana del tercer día, Lulú murió. Andrés salió de la alcoba extenuado.

Estaban en la casa doña Leonarda y Niní con su marido. Ella parecía ya una jamona; él un chulo viejo lleno de alhajas. Andrés entró en el cuartucho donde dormía, se puso una inyección de morfina, y quedó sumido en un sueño profundo. Se despertó a medianoche y saltó de la cama. Se acercó al cadáver de Lulú, estuvo contemplando a la muerta largo rato y la besó en la frente varias veces. Había quedado blanca, como si fuera de mármol, con un aspecto de serenidad y de indiferencia, que a Andrés le sorprendió. Estaba absorto en su contemplación cuando oyó que en el gabinete hablaban. Reconoció la voz de Iturrioz, y la del médico; había otra voz, pero para él era desconocida.

Hablaban los tres confidencialmente.

—Para mí —decía la voz desconocida—

esos reconocimientos continuos que se hacen en los partos son perjudiciales. Yo no conozco este caso, pero ¿quién sabe? quizá esta mujer, en el campo, sin asistencia ninguna, se hubiera salvado. La naturaleza tiene recursos que nosotros no conocemos.

—Yo no digo que no —contestó el médico que había asistido a Lulú—; es muy posible.

—¡Es lástima! —exclamó Iturrioz—. ¡Este muchacho ahora, marchaba tan bien!

Andrés, al oír lo que decían, sintió que se le traspasaba el alma. Rápidamente, volvió a su cuarto y se encerró en él.

Por la mañana, a la hora del entierro, los que estaban en la casa, comenzaron a preguntarse qué hacía Andrés.

—No me choca nada que no se levante —dijo el médico— porque toma morfina.

—¿De veras? —preguntó Iturrioz.

—Sí.

—Vamos a despertarle entonces —dijo Iturrioz

Entraron en el cuarto. Tendido en la cama, muy pálido, con los labios blancos, estaba

Andrés.

—¡Está muerto! —exclamó Iturrioz.

Sobre la mesilla de noche se veía una copa y un frasco de aconitina cristalizada de Duquesnel.

Andrés se había envenenado.

Sin duda, la rapidez de la intoxicación no le produjo convulsiones ni vómitos. La muerte había sobrevenido por parálisis inmediata del corazón.

—Ha muerto sin dolor —murmuró Iturrioz—. Este muchacho no tenía fuerza para vivir. Era un epicúreo, un aristócrata, aunque él no lo creía.

—Pero había en él algo de precursor —murmuró el otro médico.